NECESSIDADES HUMANAS:
Subsídios à crítica dos mínimos sociais

EDITORA AFILIADA

Dados Internacionais de Catalogação na Publicação (CIP)
(Câmara Brasileira do Livro, SP, Brasil)

Pereira, Potyara A. P.
  Necessidades humanas : subsídios à crítica dos mínimos sociais
/ Potyara A. P. Pereira – 6. ed. — São Paulo : Cortez, 2011.

  Bibliografia.
  ISBN 978-85-249-0761-6

  1. Assistência social 2. Necessidades básicas 3. Política social
I. Título.

00-4287

CDD-361.25

Índices para catálogo sistemático:
1. Necessidades humanas básicas : Política social :
   Bem-estar social 361.25

Potyara A. P. Pereira

NECESSIDADES HUMANAS:
Subsídios à crítica dos mínimos sociais

6ª edição

3ª reimpressão

NECESSIDADES HUMANAS: Subsídios à crítica dos mínimos sociais
Potyara A. P. Pereira

Conselho editorial: Ademir Alves da Silva, Dilséa Adeodata Bonetti, Maria Lúcia Carvalho da Silva, Maria Lúcia Silva Barroco, Maria Rosângela Batistoni

Capa: DAC
Preparação dos originais: Maria Cecília F. Vannucchi
Revisão: Agnaldo A. Oliveira, Maria de Lourdes de Almeida
Composição: Linea Editora Ltda.
Coordenação editorial: Danilo A. Q. Morales
Assessoria editorial: Elisabete Borgianni

Nenhuma parte desta obra pode ser reproduzida ou duplicada sem autorização expressa da autora e do editor.

© 2000 by Autora

Direitos para esta edição

CORTEZ EDITORA
Rua Monte Alegre, 1074 — Perdizes
05014-001 — São Paulo - SP
Tel.: (11) 3864-0111   Fax: (11) 3864-4290
e-mail: cortez@cortezeditora.com.br
www.cortezeditora.com.br

Impresso no Brasil — abril de 2017

SUMÁRIO

Apresentação 9

Introdução 15

PRIMEIRA PARTE — Mínimos sociais: um conceito
controverso 23

CAPÍTULO I • Do mínimo ao ótimo de satisfação de
necessidades mediante o conceito de básicos sociais   25

1.1. Mínimos *versus* básicos: em defesa dos básicos   25

1.2. Em busca do ótimo: o caráter da otimização da
satisfação de necessidades básicas 30

CAPÍTULO II • A contribuição do conceito de
necessidades humanas básicas à formulação de
políticas sociais 37

2.1. Por uma definição objetiva e universal de
necessidades humanas básicas 37

2.2. Prevalência dos *approaches* relativistas 41

2.3. Crítica aos *approaches* relativistas 50

CAPÍTULO III • Tentativas de especificação de
necessidades básicas 57

3.1. A primazia da dimensão social sobre a natural   57

3.2. A valorização da dimensão humana em recentes
informes oficiais 61

6 NECESSIDADES HUMANAS: Subsídios à crítica dos mínimos sociais

CAPÍTULO IV • Especificação de necessidades humanas
básicas a partir de teorias recentes 65

4.1. Identificação de necessidades humanas básicas
como fenômenos objetivos e universais 65

4.2. Identificação de "satisfadores" (*satisfiers*)
universais de necessidades humanas básicas 75

CAPÍTULO V • Controvérsias em torno da satisfação
otimizada de necessidades humanas básicas 87

5.1. Principais tensões teóricas e ideológicas:
as óticas de Hayek, Rawls e Habermas 87

SEGUNDA PARTE — Breve histórico das políticas de
satisfação de necessidades básicas 101

CAPÍTULO VI • Políticas de satisfação de necessidades no
contexto internacional 103

6.1. Das origens ao *Welfare State* keynesiano 103

6.2. O retorno da hegemonia liberal: emergência das
chamadas políticas sociais de nova geração 113

6.3. Importância crescente dos esquemas
distributivos de proteção social 119

CAPÍTULO VII • Políticas de satisfação de necessidades no
contexto brasileiro 125

7.1. A experiência brasileira de proteção social
dimensionada em períodos históricos 125

7.1.1. O período laissefariano 127

7.1.2. O período populista/desenvolvimentista .. 129

7.1.3. O período tecnocrático-militar 134

7.1.4. O período de transição para democracia
liberal 148

7.1.5. O período neoliberal 159

PONDERAÇÕES FINAIS 181

BIBLIOGRAFIA 189

SUMÁRIO

ANEXOS 199

1. Relatórios de desenvolvimento humano (1990-99):
   Quadro-síntese 200

2. Resumo da Teoria de Doyal e Gough 210

3. Características da proteção social nos países
   industrializados do Ocidente 211

Apresentação

Este livro é o resultado de investigações que vêm sendo desenvolvidas nos últimos quatro anos, sob a minha coordenação, no Núcleo de Estudos e Pesquisas em Política Social (NEPPOS) do Centro de Estudos Avançados Multidisciplinares (CEAM) da Universidade de Brasília (UnB). Resulta também de estudos iniciados na Universidade de Manchester, na Grã-Bretanha, onde trabalhei durante 12 meses, no início dos anos 90, como *postdoctoral fellow*.

A idéia de realizar, no âmbito do NEPPOS, uma pesquisa sobre *necessidades humanas* como contraponto crítico à noção de *mínimos* de provisão requeridos da política de assistência social, assenta-se, ao mesmo tempo, em duas principais motivações: em uma programática de trabalho e em uma recente preocupação.

No primeiro caso, porque, no NEPPOS, a assistência social tem sido, desde 1989, sistematicamente tematizada como política componente (integral e endógena) do Sistema de Seguridade, concretizador de direitos de cidadania social, tal como previsto na Constituição Federal brasileira de 1988. São produtos mais tangíveis dessa tematização: a elaboração da primeira proposta de lei que subsidiou a formulação da Lei regulamentadora da assistência social (LOAS) na Constituição Federal; a produção de textos que serviram de suporte substantivo à elaboração da citada proposta de lei; o aprofundamento da reflexão teórico-conceitual sobre assistência social e a sua difusão sob a forma de livro, artigos, dissertações acadêmicas e comunicações orais; e a elaboração das propostas de lei de criação do Conselho e do Fundo de Assistência Social do Distrito Federal.

No segundo caso, porque, passados doze anos da incorporação da assistência social no texto constitucional e sete da instituição da LOAS, continua havendo no Brasil muitos mal-entendidos acerca da identidade desse tipo de proteção social pública. O primeiro dispositivo da LOAS, que trata da definição da assistência social e a identifica como política de provisão de mínimos sociais para satisfazer necessidades básicas, até hoje não foi regulamentado nem devidamente interpretado ou decodificado. Em decorrência, tem-se, no país, uma política de assistência social sem parâmetros coerentes e confiáveis a respeito dos *mínimos* que deverá prover e das *necessidades básicas* que deverá satisfazer. Na falta desses parâmetros, tal política pode — como de fato já vem ocorrendo no Brasil e em várias partes do mundo — confundir necessidades sociais com preferências individuais (subjetivas e relativas) e, com isso, isentar o Estado de seu papel de *garante* da provisão social pública, dando vez, nesse processo, ao domínio utilitarista do mercado.

O propósito básico da pesquisa que resultou neste livro foi, portanto, o de avançar na tematização da assistência social, com vista a colaborar com o seu mais adequado tratamento teórico e político. Neste propósito não está obviamente a intenção de oferecer subsídios programáticos à gestão desta política no quadro prevalecente de inconsistências conceituais e institucionais; mas trata-se, acima de tudo, de problematizar essas inconsistências à luz das mais recentes e consistentes contribuições teóricas disponíveis sobre *necessidades humanas básicas* — um tema que contém problematizações clássicas e que hoje está na base das críticas endereçadas à noção de *mínimos sociais* prezada pela ideologia neoliberal.

Fiel ao seu propósito básico, a pesquisa confrontou posturas intelectuais diferenciadas sobre *necessidades humanas*,

APRESENTAÇÃO

identificando-as com suas filiações ideológicas. Isso fez-se necessário porque desde o início constatou-se a existência de uma forte clivagem entre orientações conservadoras e progressistas nos processos de decisão e de gestão de políticas de satisfação de necessidades, o que exigiu a sua explicitação. Eis porque a pesquisa não abandonou o uso das categorias *direita* e *esquerda*, consideradas arcaicas pelo pensamento pós-moderno, e não se absteve de declarar a sua afinidade com reflexões socialistas contemporâneas sobre a política social.

Trata-se, pois, de uma pesquisa eminentemente teórica, mas com explícitas finalidades políticas que se ancoram em evidências empíricas detectadas na história das políticas de satisfação de necessidades no mundo e no Brasil, e que estão registradas na Segunda Parte deste livro. A maioria dos dados e informações que a embasou foi obtida em fontes secundárias, na memória e na vivência do seu grupo de pesquisadores e interlocutores-chave, bem como em análises prévias, acumuladas no NEPPOS, sobre a teoria, a história e a política de proteção social no Brasil e no exterior.

A sua principal fonte de conhecimento teórico especializado foram os resultados das pesquisas do professor e economista inglês Ian Gough, sobre necessidades humanas, realizadas desde a década de 1980, bem como as recentes produções desse pesquisador sobre a mesma temática e sobre o perfil contemporâneo da assistência social no contexto europeu. A salutar convivência com Ian Gough, durante um ano, no Departamento de Política Social da Faculdade de Estudos Econômicos e Sociais da Universidade de Manchester, permitiu-me maior entendimento de sua teoria, elaborada em parceria com Len Doyal, a qual serviu de eixo substantivo, embora não integral e exclusivo, desta publicação. Portanto, o meu primeiro agradecimento vai endereçado ao Gough, pelas informações, discussões e frutíferas interlocuções. Sua simplicidade e simpatia em muito contribuíram para colocar-me à vontade na realização dos meus estudos pós-doutorais, sob a sua orientação, observação que se estende a Duncan Scott, àquela época chefe do Departamento de Política Social.

Além das produções intelectuais de Gough, merecem destaque como suporte teórico da investigação, as realizadas por Raymond Plant, Amartya Sen, Peter Abrahamson, Christopher Pierson, Ramesh Mishra, Agnes Heller, as quais têm constituído referência mestra aos estudos atuais sobre necessidades humanas, política social e direitos sociais no âmbito do NEPPOS. Mas todos os autores citados na bibliografia serviram direta ou indiretamente de apoio à elaboração deste livro, mesmo aqueles com os quais não concordamos. Afinal, sem estes últimos não haveria contrapontos qualificados à crítica aqui desenvolvida, nem desafios intelectuais suscitadores de tematizações. Por isso, os meus agradecimentos também os incluem.

Na sua realização, a pesquisa contou com um grupo de participantes mais diretos que desde a primeira hora integrou-se nela, mesmo sob condições institucionais e pessoais muitas vezes adversas e limitadoras. Trata-se das companheiras Ieda Rebelo Nasser; Leda Del Caro Paiva; Marilene Pereira Soares Gonçalves, Maristela Zorzo e Sônia Maria Arcos Campos, sem as quais muitos dos *achados* da pesquisa não teriam sido alcançados. Contou também com a colaboração de pessoas simpáticas ao tema e à iniciativa, as quais foram de grande valia. No rol desses colaboradores, vale mencionar: Rosa Helena Stein, coordenadora do NEPPOS e principal incentivadora, junto com Ana Lígia Gomes, desta publicação; Ailta Coelho, ex-vice-coordenadora do NEPPOS e fornecedora de bibliografia especializada; Ivanete Salete Boschetti Ferreira, participante de algumas discussões e leitora atenta e crítica dos primeiros capítulos; Elenise Scherer, da Universidade Federal do Amazonas, prestativa abastecedora de bibliografia de difícil acesso.

Por fim, gostaria de agradecer à Fernanda Rodrigues, do Instituto Superior de Serviço Social do Porto/Portugal, pelo convite para, por duas vezes, ministrar aulas sobre a temática das necessidades humanas e políticas sociais no Mestrado em Serviço Social daquela instituição, e pelo material bibliográfico atualizado com que sempre me contempla; à CAPES pela bolsa de pós-doutoramento que me possibilitou iniciar

APRESENTAÇÃO

o estudo dessa temática em Manchester; ao CNPq pelo financiamento de pesquisas que serviram de base para esta reflexão; e, de modo especial, ao Nelson, ao Fernando Luís Demétrio e à Camila Potyara, minha engajada família, *por tudo*.

Potyara Amazoneida P. Pereira
Brasília, agosto de 2000

Introdução

A provisão de "mínimos sociais", introduzida na agenda política brasileira dos anos 90 pela Lei nº 8.742, de 7 de dezembro de 1993[1], é uma medida antiga, que transcende as fronteiras nacionais e excede os limites das sociedades tipicamente mercantis.

Fruto secular das sociedades divididas em classes — sejam elas escravistas, feudais ou capitalistas —, a provisão de mínimos sociais, como sinônimo de mínimos de subsistência, sempre fez parte da pauta de regulações desses diferentes modos de produção, assumindo preponderantemente a forma de uma resposta isolada e emergencial aos efeitos da pobreza extrema.

Como é óbvio, os impulsos que deflagravam esse tipo de resposta social nem sempre eram éticos e muito menos inspirados no ideário da cidadania, o qual concebe o assistido como

---

1. Lei Orgânica da Assistência Social (LOAS), que regulamenta os artigos 203 e 204 da Constituição Federal vigente, promulgada em 5 de outubro de l988. Nesta lei (art. 20), a provisão de mínimos sociais prevista circunscreve-se à manutenção de renda, no valor de um (1) salário mínimo mensal, sob a denominação de "benefícios de prestação continuada", assim destinada: a idosos, com 70 anos de idade ou mais (67 anos, a partir de 1º/1/1998, por força da Lei nº 9.720/98), e a pessoas portadoras de deficiência, cujas rendas familiares *per capita* sejam de até um quarto do salário mínimo.

16 NECESSIDADES HUMANAS: Subsídios à crítica dos mínimos sociais

sujeito do direito à proteção social[2] prestada pelos poderes públicos. Em sua maioria, tais impulsos visavam, tão-somente, regular e manter vivas as forças laborais pauperizadas, para garantir o funcionamento do esquema de dominação prevalecente.

O mínimo de subsistência, portanto, de acordo com o modo de produção em vigor, podia ser uma parca ração alimentar para matar a fome dos necessitados, uma veste rústica para protegê-los do frio, um abrigo tosco contra as intempéries, um pedaço de terra a ser cultivado em regime de servidão, uma renda mínima subsidiada ou um salário mínimo estipulado pelas elites no poder. Em todos esses casos estavam ausentes — não obstante a sua diversidade histórica, conceitual e política — regulações sociais norteadas por valores, princípios, critérios e fundamentos que colocassem em xeque o poder discricionário das classes dominantes. Tratava-se, portanto, os mínimos sociais[3], de provisão social residual, arbitrária

---

2. Proteção social é um conceito amplo que, desde meados do século XX, engloba a *seguridade social* (ou *segurança social*), o *asseguramento* ou *garantias* à seguridade e *políticas sociais*. A primeira constitui um sistema programático de segurança contra riscos, circunstâncias, perdas e danos sociais cujas ocorrências afetam negativamente as condições de vida dos cidadãos. O asseguramento identifica-se com as regulamentações legais que garantem ao cidadão a seguridade social como direito. E as políticas sociais constituem uma espécie de política pública que visa concretizar o direito à seguridade social, por meio de um conjunto de medidas, instituições, profissões, benefícios, serviços e recursos programáticos e financeiros. Neste sentido, a proteção social não é sinônimo de tutela nem deverá estar sujeita a arbitrariedades, assim como a política social — parte integrante do amplo conceito de proteção — poderá também ser denominada de política de proteção social.

3. Atualmente a noção de mínimos sociais é muito heterogênea. Varia de acordo com o tipo, a lógica ou o modelo de proteção social adotado (residual ou institucional). Pode ser ampla, concertada e institucionalizada em uns países e restrita, isolada e não institucionalizada em outros. Contudo, os mínimos sociais — uma política mais facilmente verificável nos países capitalistas centrais — são geralmente definidos como *recursos mínimos*, destinados a pessoas incapazes de prover por meio de seu próprio trabalho a sua subsistência. Tais recursos assumem freqüentemente a forma de renda e de outros benefícios incidentes, setorialmente, sobre as áreas da saúde, da educação, da habitação, etc., ou sobre categorias particulares de beneficiários, como: idosos, pessoas portadoras de deficiência, pais solteiros (mãe ou pai), viúvas, etc. Seu financiamento advém, preponderantemente, de fonte orçamentária — e não de contribuições — e o seu funcionamento o mais das vezes prevê: obrigações recíprocas entre o beneficiário, o Estado e a sociedade; a inserção profissional e social; e contrapartidas.

INTRODUÇÃO 17

e elitista, que se constituía e processava à margem da ética, do conhecimento científico e dos direitos vinculados à justiça social distributiva.[4]

Só no século XX é que os mínimos de subsistência passaram a ser revistos à luz de valores que, identificados com os princípios da *liberdade*, *eqüidade* e *justiça social*, conferiram-lhes um novo *status*. Assim, os chamados mínimos sociais foram perdendo o seu estrito caráter individual, a sua conotação meramente biológica ou natural e a sua vinculação exclusiva com a pobreza absoluta. Em decorrência, sua tematização deixou de girar em torno de necessidades pessoais e extremas, de formas de proteção voluntaristas e de concepções mágicas ou informadas pelo senso comum, para privilegiar *necessidades sociais* como matéria de direito, a ser enfrentada por políticas resultantes de decisões coletivas.

Para tanto, velhas noções a respeito da causa do pauperismo, que punham acento na predestinação divina, na fraqueza moral dos desvalidos, na inferioridade biológica e cultural das classes dominadas e na naturalização das desigualdades socioeconômicas, tiveram que ser repensadas. Da mesma forma, velhos vícios analíticos que concebiam a pobreza como um fenômeno desgarrado de determinações histórico-estruturais passaram a ser rechaçados.

Disso resultou uma concepção de proteção social que, a par de requerer uma base de sustentação empírica indispensável à elaboração de diagnósticos, explanações teóricas e

---

4. Justiça associada à distribuição do produto social entre os cidadãos. É diferente da *justiça comutativa*, que diz respeito às trocas de mercadorias e exige que estas tenham um preço justo. No âmbito da *justiça distributiva* convencionou-se fazer a distinção entre *distribuição* e *redistribuição*. A distribuição tem como característica principal não colocar em confrontação direta possuidores e não-possuidores de bens e riquezas, pois transfere para os despossuídos recursos acumulados em um fundo público provenientes de várias fontes. Já a redistribuição constitui, nos termos de Lowi (1963), uma arena real de conflitos de interesses, pois implica retirar bens e riquezas de quem os possui, para transferi-los a quem não os possui. Embora sejamos favoráveis a essa distinção, pleiteando, em várias publicações, que os recursos para a política de assistência social tenham um caráter redistributivo, neste livro o termo *distribuição* é, de regra, empregado no seu sentido filosófico mais geral, como sinônimo de justiça, que engloba a redistribuição.

predições confiáveis, pautava-se simultaneamente por valores éticos e paradigmas democrático-cívicos.

O famoso Plano Beveridge[5] sobre a Seguridade Social britânica, de 1942, que constituiu a pedra angular do sistema de proteção social do mundo ocidental moderno, deu mostras dessa orientação. Principiou com um exame dos projetos existentes de seguro social e serviços afins (Plano Beveridge, 1943:12); fez uma diagnose da miséria, ou seja, "das circunstâncias nas quais, nos anos que precederam (...) a guerra, famílias e indivíduos ingleses podiam carecer dos meios de (...) subsistência"; além disso, "autoridades científicas investigaram as condições de vida em algumas das principais cidades da Grã-Bretanha (...), determinando as proporções da população em cada uma delas, cujos meios de vida mantinham-se inferiores ao padrão julgado necessário para a subsistência, e analisaram a extensão e as causas dessa deficiência" (1943:12). A partir daí, foi possível definir e/ou aperfeiçoar projetos de política de seguridade social em três principais direções: a) "estendendo o seu alcance, a fim de abranger pessoas excluídas da proteção social pública; b) ampliando os seus objetivos de cobertura de riscos e c) aumentando as taxas de benefício" (1943:13). Ademais, foi previsto um ajustamento de rendas, "tanto nos períodos de salário como nos de interrupção deste, às necessidades da família" (1943:13), visando prioritariamente à proteção às crianças. A adoção desse subsídio, sob a forma de renda, durante a vigência dos salários,

---

5. Antes do Plano Beveridge, existiu na Alemanha, entre 1883 e 1889, um esquema de seguridade social instituído pelo governo conservador do chanceler Otto von Bismarck, cuja principal função era desmobilizar a classe trabalhadora, que se sentia atraída pelos ideais socialistas da social-democracia alemã. Esse esquema contemplava o seguro saúde, o seguro acidentes de trabalho e a aposentadoria. Trata-se do que ficou conhecido como esquema *bismarckiano* de proteção social, que vinculava-se exclusivamente ao trabalho e, por isso, só atendia pessoas empregadas, mediante contrato e prévia contribuição. Baseado em outros princípios e critérios, o esquema *beveridgiano*, inaugurado na Grã-Bretanha, em 1942, caracterizou-se por ser unificado e universal, abrangendo não só trabalhadores, mas todos os que, por uma questão de direito, deveriam ter as suas necessidades básicas satisfeitas. Trata-se, portanto, de um sistema unificado, universal e garantido de proteção social pública que, apesar de privilegiar o seguro social, possuía uma vertente não contributiva que se identificava com a assistência social.

INTRODUÇÃO

tinha como principal objetivo evitar o surgimento de dois principais óbices: a reprodução da miséria entre trabalhadores de baixos rendimentos, com famílias numerosas, e, em conseqüência, o comprometimento futuro de maiores recursos públicos com o combate à miséria, que, fatalmente, seria reproduzida e ampliada nos períodos de desemprego e de outras interrupções do trabalho (1943:13-14).

A menção ao Plano Beveridge nas páginas introdutórias deste livro tem a sua razão de ser, pois ilustra, com oportuna precedência, duas evidências importantes, das quais podemse tirar lições:

a. A adoção de investigações, diagnoses, avaliações e propostas interventivas no processo de identificação de necessidades humanas[6] a serem enfrentadas por políticas de seguridade social, o que significa um avanço no modo de conceber e tratar a proteção social pública.

b. A ocorrência de mudanças operadas na concepção, na metodologia e na prática da proteção social, no interior mesmo de uma ordem social fundada no antagonismo de classes. Tais mudanças, que se impuseram nos termos (ainda limitados) do Plano Beveridge e tiveram maior expressão na fase mais avançada do capitalismo regulado — a monopolista —, revelam, por seu turno, a presença de conquistas sociais das classes dominadas, a qual pode ensejar o seguinte entendimento:

• de que é possível aos dominados e seus aliados criar uma "cultura de oposição" — para usar a expressão de Lodziak (*apud* Little, 1988) — nas sociedades que os oprimem e impor barreiras ao despotismo dos dominantes, valendo-se de mobilizações, resistências, reivindicações e controles democráticos. Assim, o acesso e usufruto dos membros de uma comunidade nacional a bens, serviços e direitos básicos, decorrentes do progresso econômico, construído coletivamente, em

---

6. Neste estudo, os termos *necessidades humanas* e *necessidades sociais* são usados praticamente como sinônimos, já que, nele, não se concebe o aspecto humano dissociado do social.

vez de mera outorga da burguesia, devem também ser encarados como histórica conquista democrática;

- de que é possível às classes econômica e socialmente desfavorecidas transformar suas *necessidades* em *questões* e incluí-las na agenda política vigente, desde que se transformem em atores sociais estrategicamente posicionados. Isto quer dizer que necessidades sociais só poderão se transformar em questões perturbadoras da ordem estabelecida (e definidoras de direitos, que deverão ser concretizados por políticas), se forem "problematizadas" por classes, frações de classes, organizações, grupos e, até, indivíduos, estrategicamente situados e dotados de condições políticas para incorporar estas *questões* na pauta de prioridades públicas. Como dizem Oszlak e O'Donnel, "*questões* são *necessidades* socialmente problematizadas" (1976:21). Ou, na consideração de Castel, são ameaças de ruptura apresentadas por grupos cuja existência abala a coesão do conjunto (1998:41), concitando providências.

Contudo, o surgimento de uma *questão* — a partir de necessidades problematizadas — nem sempre engendra respostas públicas voltadas para o seu substantivo equacionamento. O simples fato de ela ser uma "questão" suscita diferentes formas de reação, que põem em movimento tendências e contratendências em torno de sua efetiva resolução. É por isso que a política de satisfação de necessidades embutidas numa questão socialmente engendrada constitui uma arena incontestável de conflitos de interesses.

Daí a relevância de considerar os chamados mínimos sociais, introduzidos pela LOAS na agenda política brasileira dos anos 90 (e tematizados por um grupo relativamente expressivo de atores sociais), não como uma medida criada juridicamente e a ser desenvolvida por decreto ou por gestões meramente administrativas, mas, acima de tudo, como um recurso *juspolítico* (jurídico e político) conflituoso, não obstante sua configuração formal.

INTRODUÇÃO

Se partirmos do pressuposto de que tais mínimos sociais correspondem a necessidades fundamentais a serem satisfeitas por políticas sociais, estaremos, hoje, diante de um cenário complexo, que requer maiores aprofundamentos e qualificações, no marco de uma realidade sensivelmente modificada; isto é, de uma realidade em que tanto o padrão de acumulação como o modelo de organização do trabalho e da proteção social diferem substancialmente do passado (inclusive do passado recente) e exigem novas formas de enfrentamento político-social.

Este estudo tem esta pretensão. Seu principal intento é tematizar a noção de mínimos sociais recuperada pela LOAS, para melhor compreendê-la e qualificá-la, dentro de uma perspectiva conceitual, teórica e histórica mais ampla e includente. Nesta qualificação, há que se enfocar a noção de "mínimos sociais" associada à noção de necessidades humanas básicas que lhe é subjacente, bem como relacionar tais noções com os fatores histórico-estruturais que as determinaram e com os condicionantes políticos, ideológicos, culturais e éticos que ainda as legitimam em escala mundial. Além disso, há que se levar em conta: a) os principais debates e reflexões teóricas sobre esta temática e suas postulações-chave; e b) análises e argumentos críticos que, alicerçados em uma "cultura de oposição" ao que sempre prevaleceu, apontam confusões conceituais relativas à noção de necessidades humanas básicas e limitações na noção dominante de "mínimos sociais", requerendo a sua superação. Só assim, acreditamos, será possível precisar, com mais propriedade e clareza, o que, na realidade brasileira atual, constituem estes "mínimos" e quais as suas referências conceituais e orientações políticas.

Este é o objetivo central desta publicação, sem a pretensão, é claro, de esgotar o tema, que se revela por demais complexo e carente de conhecimento acumulado. Trata-se, na verdade, de acrescentar ao incipiente debate em curso, especialmente no Brasil, mais uma "pitada" de reflexão crítica para manter acesos o debate e a preocupação pública com a temática das "necessidades humanas básicas", hoje francamente negligenciada.

Para tanto, é proveitoso começar refletindo sobre a própria concepção de mínimos sociais, a partir da LOAS, para, depois, deslindar a noção de *necessidades humanas básicas* em suas diferentes acepções e apropriações políticas e ideológicas. Esta reflexão integrará a primeira parte deste livro, que, para efeitos analíticos, está dividido em dois grandes blocos:

- um, *substantivo,* composto de cinco capítulos, no qual são desenvolvidas explanações teórico-conceituais, com o objetivo de problematizar a noção controvertida de mínimos sociais *vis-à-vis* o conceito de necessidades humanas básicas;

- outro, *histórico,* composto de dois grandes capítulos, cuja principal função é ilustrar com fatos reais as tendências da proteção social capitalista tanto no mundo como no Brasil.

PRIMEIRA PARTE

MÍNIMOS SOCIAIS: UM CONCEITO CONTROVERSO

CAPÍTULO I

Do mínimo ao ótimo de satisfação de necessidades mediante o conceito de básicos sociais

1.1. MÍNIMOS *VERSUS* BÁSICOS: EM DEFESA DOS BÁSICOS

O artigo 1º da LOAS preceitua que a assistência social, a par de ser um direito do cidadão e um dever do Estado, é política não contributiva[7] de seguridade social, que provê os mínimos sociais mediante um conjunto integrado de ações de iniciativa pública e da sociedade, visando ao atendimento de necessidades básicas.

A referência, contudo, a mínimos sociais no citado artigo da LOAS, já exige cuidadosa reflexão, pois sugere, em relação a esses mínimos, uma dupla e diferenciada identificação:

---

7. Por política *não contributiva* entende-se aquela que não estabelece condições ou contrapartidas no seu processamento. Geralmente — tal como assinalado na nota 4 deste livro — são políticas *distributivas* (distribuidoras de benefícios e serviços, a partir de um fundo público constituído para esse fim) ou *redistributivas* (redistribuidoras de bens e serviços mediante a retirada de recursos de quem os tem para dá-los a quem não os tem), tendo como referência o *status* de cidadania do beneficiário, e não fórmulas contratuais estabelecidas formalmente.

a. com a *provisão* de bens, serviços e direitos;
b. com as *necessidades* a serem providas.

Assim, se na primeira identificação essa lei fala de *mínimos* ao se referir à provisão, na segunda ela refere-se ao *básico* ao preconizar o atendimento de necessidades básicas. Isso dá margem à interpretação de que provisão social mínima e necessidades básicas são termos equivalentes ou de mútua implicação, apesar de a lei usar denominações diferentes. Ou seja, conforme a LOAS, parece que só haverá *provisão mínima* se houver *necessidades básicas* a satisfazer, de acordo com preceitos éticos e de cidadania mundialmente acatados e declarados na Constituição brasileira vigente.

Contudo, tal vinculação (entre provisão mínima e necessidades básicas) tem conduzido à crescente tendência de se identificar semanticamente *mínimo* com *básico* e de equipará-los no plano político-decisório, o que constitui uma temeridade. Por isso, é válido esclarecer que, apesar de *provisões mínimas* e *necessidades básicas* parecerem termos equivalentes do ponto de vista semântico, eles guardam diferenças marcantes do ponto de vista conceitual e político-estratégico.

Mínimo e *básico* são, na verdade, conceitos distintos, pois, enquanto o primeiro tem a conotação de *menor*, de *menos*, em sua acepção mais ínfima, identificada com patamares de satisfação de necessidades que beiram a desproteção social, o segundo não. O *básico* expressa algo *fundamental*, *principal*, *primordial*, que serve de base de sustentação indispensável e fecunda ao que a ela se acrescenta. Por conseguinte, a nosso ver, o *básico* que na LOAS qualifica as necessidades a serem satisfeitas (necessidades básicas) constitui o pré-requisito ou as condições prévias suficientes para o exercício da cidadania em acepção mais larga. Assim, enquanto o *mínimo* pressupõe supressão ou cortes de atendimentos, tal como propõe a ideologia liberal, o *básico* requer investimentos sociais de qualidade para preparar o terreno a partir do qual maiores atendimentos podem ser prestados e otimizados. Em outros termos, enquanto o *mínimo* nega o *"ótimo"* de atendi-

mento, o básico é a mola mestra que impulsiona a satisfação básica de necessidades em direção ao *ótimo*.

Sendo assim, *mínimo* e *básico*, ao contrário do que tem sido apressada e mecanicamente inferido do texto da LOAS, são noções assimétricas, que não guardam, do ponto de vista empírico, conceitual e político, compatibilidades entre si. Isso nos leva a concluir que, para que a provisão social prevista na LOAS seja compatível com os requerimentos das necessidades que lhe dão origem, ela tem que deixar de ser mínima ou *menor*, para ser *básica, essencial*, ou precondição à gradativa otimização da satisfação dessas necessidades. Só então será possível falar em direitos fundamentais, perante aos quais todo cidadão é titular, e cuja concretização se dá por meio de políticas sociais correspondentes. Pois aqueles que não usufruem bens e serviços sociais básicos ou essenciais, sob a forma de direitos, não são capazes de se desenvolverem como cidadãos ativos, conforme preconiza a própria LOAS; ou, como diz o Relatório de Desenvolvimento Humano, de 1990 (RDH, 1990:19), das Nações Unidas, que serviu de ponto de partida para os relatórios anuais subseqüentes da mesma instituição: não são capazes de desfrutar uma vida prolongada e saudável, conhecimento, liberdade política, segurança social, participação cumulativa, direitos humanos garantidos e respeito a si próprio.

Daí a importância de se rever o significado de *mínimos de provisão* social constante da LOAS *vis-à-vis* a noção de necessidades humanas básicas.

O primeiro passo nessa revisão é conceber *provisões* e *necessidades* como conceitos correlatos, guiados pela preocupação política de fazer com que as provisões básicas — em vez de mínimas —, que não são responsabilidade exclusiva da assistência social, sejam cada vez mais *otimizadas*. Isso implica, por sua vez, considerar a provisão social como uma política em movimento, que não se contenta em procurar suprir, de forma isolada e estática, nem ínfima ou mesmo basicamente, privações e carências críticas que, por serem "máximas" ou extremas, exigem respostas mais complexas e substanciais.

NECESSIDADES HUMANAS: Subsídios à crítica dos mínimos sociais

Tomando de empréstimo um raciocínio mais usualmente empregado na área econômica, diríamos que as políticas de provisão social só terão racionalidade e eficácia se estabelecerem inter-relações ou nexos orgânicos no seu próprio âmbito (entre as diversas medidas de proteção, que visam incrementar a qualidade de vida e de cidadania dos segmentos sociais mais desprotegidos) e com políticas econômicas. Nessa inter-relação, os efeitos conjuntos dos diferentes programas, projetos e prestações de benefícios e serviços deverão, necessariamente, produzir encadeamentos positivos *para a frente* e *para trás*[8] e ser devidamente previstos e administrados. Os possíveis encadeamentos negativos (pois toda política encerra contradições) também devem ser previstos, para serem evitados ou controlados.

São encadeamentos *para a frente* da política social, em seu próprio âmbito, os efeitos acumulados (positivos ou negativos) que a oferta de um programa ou medida cria sobre outros programas ou medidas sociais, facilitando-os ou dificultando-os. É exemplo de encadeamento *positivo para a frente* o produzido por um programa integrado de merenda escolar, cujos efeitos ultrapassem a função alimentar que o motivou e propiciem a melhoria das condições de saúde e de aprendizagem das crianças contempladas. E é exemplo de encadeamento *negativo para a frente* o produzido por um programa focalizado de atendimento à pobreza extrema, que, justamente por ser focalizado, deixa no abandono consideráveis parcelas de pobres, que logo irão engrossar as fileiras dos miseráveis.

São encadeamentos *para trás* da política social, em seu próprio âmbito, os efeitos (positivos ou negativos) que um

---

8. Mesmo tomando de empréstimo o raciocínio e a linguagem da economia, não consideramos, concordando com a CEPAL, tais encadeamentos como *insumos produtivos* para se obter um bem. Para os fins deste estudo os encadeamentos referidos assumem outra conotação: a de vínculos orgânicos, estrategicamente estabelecidos, tendo em vista a satisfação mais ampliada de necessidades sociais e de suas legítimas demandas. "Trata-se, esta conotação, de uma perspectiva dinâmica, já que a promoção de encadeamentos adequados requer um período de desenvolvimento e está sujeita à transformação pelos efeitos acumulados" (CEPAL, 1989:26).

MÍNIMOS SOCIAIS: UM CONCEITO CONTROVERSO

programa ou medida provocam na decisão pública de criar ou fortalecer outros programas, iniciativas ou políticas que lhes sirvam de precondição. Constituem exemplos positivos os encadeamentos produzidos por programas de alimentação e nutrição, que, para serem desenvolvidos, demandam preliminarmente a racionalização dos sistemas de produção e comercialização de alimentos básicos, em apoio ao pequeno produtor rural. E são exemplos negativos os encadeamentos produzidos por programas que, para serem implementados, enfraquecem ou determinam a extinção de medidas preexistentes, que poderiam ampliar e fortalecer a malha de segurança social.

Os encadeamentos *para a frente* e *para trás* da política social com a *política econômica* podem ser assim descritos:

a. *Para a frente:* são encadeamentos que criam ou não condições alargadas de satisfação de necessidades, a partir dos efeitos que a oferta de um programa ou medida de política social produz no campo econômico e vice-versa. Exemplo de encadeamentos positivos: programa de manutenção de renda (renda mínima, renda básica) para segmentos sociais de baixos rendimentos que, além de melhorar as condições alimentares da população-alvo, aquecem, dentre outros efeitos acumulados, o consumo de bens essenciais. E exemplo de encadeamentos negativos: programa de manutenção de renda guiado por um critério de elegibilidade tão rigoroso que condiciona os seus beneficiários a abdicarem de outros benefícios que, acumulados, melhorariam as suas condições de vida e de cidadania.

b) *Para trás:* são encadeamentos que produzem demandas de natureza econômica requeridas como precondição (positiva ou negativa) ao desempenho de programas ou medidas de política social. Exemplo de encadeamentos positivos: programas de inclusão e manutenção da inclusão de crianças pobres nas escolas, os quais requerem diferentes modalidades de financiamento, inclusive bolsas de estudos. E exemplos de encadeamentos negativos: programas de renda mínima que prevêem a extinção de benefícios e serviços sociais preexistentes.

Em todas as variantes de encadeamentos apresentadas, há que se privilegiar os *positivos* ("círculo virtuoso", para muitos analistas), pois são eles que deverão ser perseguidos e reforçados pela política social comprometida com a melhoria da satisfação das necessidades humanas básicas. Mas, há que se levar em conta os encadeamentos *negativos*, pois a desconsideração de sua incidência pode conduzir a fracassos na otimização da provisão social. O reforço aos encadeamentos positivos, portanto, tanto *para a frente* como *para trás*, no interior das políticas sociais (saúde, educação, previdência, assistência, habitação etc.) e entre estas e as políticas econômicas, constitui procedimento político necessário para impedir que a provisão social, no que se refere ao básico, seja instrumento de reprodução da pobreza ou "armadilha" desta.

Portanto, encadear positivamente benefícios, serviços, programas e projetos socioeconômicos é procurar alcançar maiores metas de eqüidade, a partir das características dos problemas ou das questões a enfrentar relacionados a necessidades humanas consideradas básicas. Daí a importância adicional de definir necessidades básicas por oposição a *preferências, desejos, compulsões, demandas, expectativas*, que povoam o universo das discussões e especulações em torno da noção de mínimos sociais.

Mas, antes de enveredarmos por esta reflexão, convém tecer algumas considerações sobre o padrão *ótimo* de satisfação de necessidades decorrente dos encadeamentos positivos mencionados, por oposição ao padrão *mínimo*.

1.2. EM BUSCA DO ÓTIMO: O CARÁTER DA OTIMIZAÇÃO DA SATISFAÇÃO DE NECESSIDADES BÁSICAS

A referência ao *ótimo*, em relação aos mínimos sociais, não supõe a *maximização* da satisfação de necessidades humanas básicas, que teria que percorrer uma escala que partiria do péssimo e passaria pelo sofrível, o bom, e o muito bom, até atingir o ótimo. Sendo o *ótimo* um conceito que depende do código moral de cada cultura, ele não pode ser sinônimo de *máximo*, porque este é um objetivo constantemente "em fuga" e, portanto, inalcançável; mas, poderá ser identificado com patamares mais elevados de aquisições de bens, serviços e direitos a partir do estabelecimento de provisões básicas. São essas aquisições em graus mais elevados, resultantes dos encadeamentos dinâmicos e positivos no âmbito das políticas sociais e entre estas e as políticas econômicas, que propiciarão aos indivíduos capacidade de *agência* (atuação como atores) e *criticidade*. Ou, em outras palavras, são essas aquisições que propiciarão aos indivíduos capacidade de escolha e de decisão, no âmbito da sua própria cultura, bem como condições de acesso aos meios pelos quais essa capacidade pode ser adquirida. É o que Doyal e Gough chamam de *ótimo de participação* (1991). Além disso, irão permitir-lhes alcançar o *ótimo crítico*, que, segundo os mesmos autores, consiste em propiciar aos indivíduos condições de questionar suas formas de vida e cultura, bem como de lutar pela sua melhoria ou mudança.

Esta concepção de ótimo e de otimização difere substancialmente do *ótimo de Pareto*, que tão fortemente marcou o pensamento político no âmbito da chamada *Economia do Bem-Estar* (*Welfare Economics*)[9], a qual apresenta recomendações acerca de medidas de política econômica, partindo de premissas puramente factuais e utilitárias. Por privilegiar os fatos sobre os *juízos de valor* e a *ética*, tal corrente considera-se livre de incertezas e de conflitos interpessoais, apesar de basear-se em escolhas ou preferências individuais. A suposição implícita nesse entendimento, informa Amartya Sen (1976:77), parece ser aquela que prevê que "se todos estão de

---

9. A Economia do Bem-Estar passou a constituir uma subdisciplina da Economia quando esta, segundo Clark (1967:61), tentou separar a "análise do que realmente é, dos juízos sobre o que é desejável". Iniciando com a preocupação de associar o incremento do bem-estar com o aumento da riqueza nacional e com a distribuição mais igualitária (embora sem excessos) do produto social, cedo ela se afastou do compromisso com as necessidades sociais básicas (Clark, 1967).

acordo sobre uma escolha (**X** em lugar de **Y**), então esta escolha não é um juízo de valor, mas algo perfeitamente objetivo". Por isso, a *melhoria econômica* e a *eficiência produtiva* passariam a ser, para os adeptos dessa corrente de bem-estar, os objetivos que estariam acima de quaisquer metas, pois seriam eles que produziriam resultados concretos que compensariam a todos, por estarem livres de conflitos interpessoais. E, em havendo ausência destes conflitos, todos sairiam ganhando, apesar dos ganhos diferenciados — que em alguns casos funcionam como perda — entre os indivíduos em acordo.

Por essa razão, conforme Sen (1976:107), Pareto é considerado "uma vaca sagrada" para os economistas do bem-estar e os utilitaristas, pois ele fornece o critério de *otimização* que os satisfaz por completo. Primeiro, porque o ótimo paretiano privilegia *preferências*, e não *necessidades*, e, segundo, porque, ao privilegiar preferências, que são individuais e relativas, submete a racionalidade coletiva na esfera do bem-estar à lógica privatista do mercado e da eficiência econômica.

Efetivamente, no critério de otimização de Pareto são empregadas as duas seguintes regras (Sen, 1976:37):

a. se todo indivíduo é indiferente às duas situações sociais alternativas **X** ou **Y**, então a sociedade deverá ser também indiferente;

b. se ao menos um indivíduo prefere estritamente **X** a **Y**, e todos os demais, individualmente, consideram **X** uma situação ao menos tão boa quanto **Y**, então a sociedade preferiu **X** a **Y**.

Ora, a atração desse raciocínio para a *Economia do Bem-Estar*, inclusive para a versão que se denomina contemporaneamente de "Nova Economia do Bem-Estar", reside, como salienta Sen (1976), na sua simplicidade, pois se a primeira situação for a escolhida ninguém se importará em procurar saber qual das duas alternativas a sociedade elegerá (**X** ou **Y**), já que elas são indiferentes para os indivíduos em particular. Por outro lado, se a escolha recair na segunda situação, ninguém estará interessado em **Y** mais do que em **X**; daí ser razoável que a sociedade, como um agregado de indivíduos, prefira **X** a **Y**.

O **X**, portanto, é o ótimo paretiano, já que não se pode eleger outra opção considerada pelos indivíduos tão boa quanto ela e que ao menos uma pessoa considera estritamente melhor. Mas, tal simplicidade, critica Sen, dá margem a decisões e comportamentos absurdos do ponto de vista da ética e do bem-estar social efetivo, pois ela não altera em nada a situação dos que estão em estado de privação ou opressão. Uma economia, diz ele, pode ser *ótima* dentro dessa lógica, ainda que uns estejam nadando na abundância e outros afogados na indigência (Sen, 1976).

Em resumo, de acordo com o critério de otimização paretiano, uma sociedade ou uma economia podem ser ótimas, embora sejam ao mesmo tempo indignas e injustas, o que se choca com a concepção de ótimo aqui adotada, que não concebe critérios de bem-estar livres de conflitos de interesses, valores cívicos e éticos, nem a sociedade como um agregado de indivíduos. Pelo contrário, parafraseando Sen (1976:15), a sociedade é aqui considerada como um todo orgânico, e não como a soma aritmética dos indivíduos que a compõem, e, por isso, as necessidades humanas, sendo sociais, não têm identificação com preferências dos membros dessa sociedade.

Da mesma forma, o sentido de otimização aqui adotado não guarda identidade com o compromisso do *minimax* proposto ao governo brasileiro, em 1986, por um grupo de pesquisa do Instituto de Estudos Políticos e Sociais, coordenado por Hélio Jaguaribe. Em seu sentido fundamental, o tal *minimax* "representa o nível de coincidência entre os máximos esforços e sacrifícios que os estratos mais abastados da sociedade se disponham a assumir, de forma basicamente consensual, em favor da paz social e da elevação do padrão de vida das massas, e os benefícios mínimos que os estratos mais pobres da sociedade se disponham, também de forma basicamente consensual, a aceitar como um teto para as suas reivindicações, em favor de uma garantida e continuada elevação de seu próprio padrão de vida, de capacitação e de participação e, por via de conseqüência, da preservação da paz social" (Jaguaribe, 1986:29-30).

Trata-se, portanto, o *minimax*, de provisão de mínimos de satisfação de necessidades que, além de se assemelhar com o tradicional e manipulador exercício da caridade praticada pelos ricos para minorar os infortúnios dos mais pobres, reflete, tal como o ótimo paretiano, uma irracionalidade política e ética que pretendemos exorcizar: esperar o *melhor* dos pobres, oferecendo-lhes apenas o *mínimo* ou a *pior* proteção social.

De fato, se fizermos uma análise mais acurada dos discursos, proposições e intenções dominantes referentes ao tema da satisfação de necessidades humanas básicas, veremos que com um *mínimo* de provisão social espera-se, quase sempre, que os beneficiários dessa provisão dêem o melhor de si e cumpram exemplarmente seus deveres, obrigações e responsabilidades. Em nenhum momento os defensores da provisão mínima admitem *cumprimentos mínimos* de compromissos ou obrigações sociais, equivalentes à *proteção* efetivamente prestada, pois isso configuraria uma atitude moralmente condenável. Dos pobres, portanto, exige-se, sistematicamente, o máximo de trabalho, de força de vontade, de eficiência, de prontidão laboral e de conduta exemplar, até quando não contam com o tal mínimo de provisão como direito devido; e qualquer deslize cometido por eles lhes será fatal, sob todos os aspectos. É que, diferentemente do rico, o pobre tem que "andar na linha" e aceitar qualquer oferta de serviço e remuneração, pois a sua condição de pobreza continua sendo vista como um problema moral e individual e, conseqüentemente, como um sinal de fraqueza pessoal que deverá ser condenada. É por isso que entre os necessitados sociais há o sentimento arraigado de que para *vencerem na vida* têm que ser *melhores* do que os abonados.

Entretanto, tal postura é extremamente desprovida de sentido, pois, como dizem Doyal e Gough (1991:3), é irracional, do ponto de vista lógico, e inconsistente, do ponto de vista ético, exigir ou esperar o melhor de quem não tem as condições básicas asseguradas e usufruídas para assim proceder. Sem condições sociais básicas, acrescentamos, não adianta falar em auto-sustentação (até porque auto-sustentados os pobres sempre foram, especialmente no Brasil), sustentabilidade, desenvolvimento de potencialidades, *empowerment* individual, expressões tão decantadas no discurso pós-moderno como alternativas de satisfação de necessidades, pois elas não vingarão. "A realidade dos deveres", prosseguem Doyal e Gough, "implica, evidentemente, a realidade dos direitos", o que, em outras palavras, significa que, sem a titularidade dos cidadãos àquilo de que essencialmente precisam para desempenhar suas obrigações, eles não podem ser cobrados pelo descumprimento destas. Em se tratando do básico, a titularidade do direito como prerrogativa universal não comporta tergiversações. O básico é direito indisponível (isto é, inegociável) e incondicional de todos, e quem não o tem por falhas do sistema socioeconômico terá que ser ressarcido desse déficit pelo próprio sistema.

Por conseguinte, o direito à satisfação otimizada de necessidades, a partir da garantia das condições básicas como exigência fundamental para essa otimização, constitui o cerne de todas as justificações das políticas sociais públicas, incluindo a assistência, e a meta a ser alcançada e defendida por todos aqueles que acreditam que a condição de vida dos pobres deve ser crescentemente melhorada. Em suma, a satisfação otimizada de necessidades deverá visar simultaneamente à melhoria da *eficiência da política social* e da *eqüidade social*[10].

A melhoria simultânea da eficiência e da eqüidade aqui defendida contradiz a visão dominante no âmbito da Economia de Bem-Estar, segundo a qual medidas igualitárias destroem o incentivo ao trabalho, distorcem os mecanismos mercantis de transmissão de bem-estar e produzem indivíduos irresponsáveis. Ademais, contradiz a concepção de que

---

10. A *eficiência* da política social implica a maximização de seu objetivo com recursos dados, enquanto a *eqüidade* constitui a visão social da justiça e dos critérios predominantes sobre quais diferenças são justas e quais não são em uma dada cultura (Rubio, 1997:336).

a ênfase no uso da taxação progressiva de impostos afeta negativamente o incentivo ao investimento empresarial, aumentando o desemprego e diminuindo as chances de bem-estar dos mais pobres (Rubio, 1997). Com base em estudos recentes (Persson e Tabellini, *apud* Rubio, 1997) defende-se, neste livro, a hipótese de que, pelo contrário, a discrepância entre eficiência e eqüidade, além de causar prejuízo social, tem sido nociva para o próprio crescimento econômico. É o que informam Persson e Tabellini quando afirmam que "naquelas sociedades com mais desigualdades as demandas por redistribuição fiscal — com seus efeitos distorsivos — são também mais altas, o que origina uma menor taxa de crescimento" (*apud* Rubio, 1997:336). O certo, pois, é privilegiar concertações estratégicas entre eficiência e eqüidade, o que vai redundar em otimização das metas de satisfação de necessidades.

Tendo isso em mente e considerando que as necessidades humanas básicas estão na base da concretização de direitos fundamentais por meio das políticas sociais, passemos a explicitar o significado que elas assumem neste estudo, à luz das mais abalizadas análises disponíveis.

CAPÍTULO II

A contribuição do conceito de necessidades humanas básicas à formulação de políticas sociais

2.1. POR UMA DEFINIÇÃO OBJETIVA E UNIVERSAL DE NECESSIDADES HUMANAS BÁSICAS

Muito se tem falado de necessidades sociais básicas, bem como da importância de defini-las e demarcá-las conceitual, política e normativamente. Isto porque, no marco da recente valorização do estatuto da cidadania, o conceito de necessidades básicas assumiu papel preponderante na justificação dos direitos sociais[11] e das políticas públicas que lhes são correspondentes. Destarte, falar atualmente em direitos e políticas sociais públicas implica recorrer ao conceito de necessidades humanas básicas (designação que preferimos) que lhes serve de fundamento. É como diz Pisón (1998:159-160): "Necessidades e bem-estar estão indissoluvelmente ligados no discurso político e moral e, especialmente, na prática corren-

---

11. Diferentes dos direitos *civis* e *políticos*, que se apóiam, preponderantemente, em conceitos como *liberdade* ou *autonomia individual*, os direitos *sociais*, por sua própria natureza coletiva, guardam estreita vinculação com o conceito de *necessidade*, que tem relação com os princípios da *igualdade*, *eqüidade* e *justiça social*.

te dos governos. Não há serviços sociais sem a delimitação daquelas necessidades a serem satisfeitas. E, ao mesmo tempo, a relação entre as necessidades e os direitos sociais está no núcleo de muitos problemas e discussões que se produzem na atualidade".

Vivemos, portanto, numa fase da história da proteção social na qual a referência às necessidades sociais constitui um critério de primeira ordem na tomada de decisões políticas, econômicas, culturais, ideológicas e jurídicas (Añón, *apud* Pisón, 1998). E isso porque o conceito de necessidades humanas ou sociais, a começar pelo seu conteúdo e pela sua real contribuição à formulação de políticas públicas, tem suscitado considerável interesse analítico-crítico por parte dos setores intelectuais e políticos não conservadores.

Contudo, em que pese esse considerável interesse, a grande maioria da literatura acadêmica, política e moral sobre essa temática ainda padece de notórias imprecisões e ambigüidades. Muitas vezes o termo *necessidades humanas* tem uma conotação tão ampla, relativa e genérica, que fica difícil identificar os conteúdos, contornos e particularidades desse conceito. Outras vezes, tal noção é concebida e trabalhada de modo tão subjetivo e arbitrário, que as políticas sociais informadas por essa noção revelam-se inconsistentes, quando não caóticas ou desastradas (Doyal e Gough, 1991).

Por tudo isso nos é dado identificar influentes correntes de pensamento que rejeitam a idéia de que existem, de fato, necessidades humanas básicas comuns a todos e objetivamente identificáveis, cuja satisfação poderia ser planejada e gerida de forma sistemática e bem-sucedida. E esta rejeição tem andado de mãos dadas com um ceticismo geral, vigoroso e renitente sobre a possibilidade de se ter, do ponto de vista teórico, um corpo de conhecimentos coerente e objetivo sobre a matéria.

Tal ceticismo, entretanto, não tem sido inócuo. Segundo Doyal e Gough (1991), ele tem produzido as seguintes conseqüências práticas: perda de confiança no sucesso de políticas públicas voltadas para as necessidades humanas básicas; fragmentação da luta política contra variadas formas de opressão; fortalecimento do ideário neoliberal e, conseqüentemente, o desmonte dos direitos sociais dos cidadãos.

Contudo, não obstante a diversidade dessas abordagens, é possível observar que elas têm se encaminhado para uma polarização que aglutina, majoritariamente de um lado, as que identificam necessidades básicas com estados subjetivos e relativos de carecimentos e, minoritariamente de outro, as que encaram essas necessidades como um fenômeno objetivo, passível de generalização, com as quais nos identificamos.

Com efeito, muitos atores (intelectuais, políticos, gestores e executores), apoiados em diferenças pessoais e culturais, têm privilegiado o *subjetivismo* e o *relativismo* no trato das necessidades humanas básicas, abrindo, com isso, flancos para o domínio intelectual da chamada *Nova Direita* (neoliberais e neoconservadores), ao contribuírem para o seguinte entendimento: se não há necessidades comuns que sejam vivenciadas coletivamente e que sirvam de parâmetro para a formulação e implementação de políticas públicas, não haverá melhor mecanismo para satisfazê-las do que o *mercado*. É o mercado que se apóia no individualismo possessivo, nas aspirações subjetivas de interesses (*wants*) e, por isso, está mais apto que o Estado a atender demandas que nem sempre refletem necessidades sociais, mas *preferências, desejos, vícios, compulsões, sonhos de consumo*. Da mesma forma, é o mercado que tem interesse e predisposição para maximizar demandas individuais, ampliando o leque de aspirações particulares, para manter-se dinâmico, promissor e lucrativo.

Com base nessa tendência têm proliferado interpretações de necessidades sociais que sistematicamente as confundem com outras noções, tornando-as inespecíficas. E, como já foi mencionado, a inespecificidade das necessidades determina formas de satisfação confusas e voluntaristas que não concretizam direitos.

Freqüentemente, necessidades sociais são consideradas como: *falta* ou *privação* de algo (tangível ou intangível); *preferência* por determinado bem ou serviço em relação a outro ou a outros; *desejo*, de quem psicologicamente se sente

40　　　　NECESSIDADES HUMANAS: Subsídios à crítica dos mínimos sociais

carente de alguma coisa; *compulsão* por determinado tipo de consumo, movida pela dependência ou pelo uso repetitivo ou viciado desse consumo; *demanda*, como procura por satisfação econômica, social ou psicológica de alguma carência. Há, ainda, quem confunda *necessidade* com *motivação*, *expectativa* ou *esperança* de obter algo de que se julga merecedor, por direito ou promessa.

Das várias concepções inespecíficas de necessidades sociais, algumas tornaram-se mais conhecidas — pela sua recorrência — principalmente aquelas centradas nos aspectos somáticos e psicológicos dos indivíduos em suas demandas relativas. No rol dessas concepções podem-se identificar correntes ideológicas concorrentes, mas que nem por isso deixam de partilhar dos mesmos valores. Na base dessas concepções está uma forte justificação de feição ética — partilhada tanto por progressistas como por liberais e conservadores — que expressa a convicção de que é moralmente mais consistente equiparar *necessidades* a *preferências subjetivas*, porque só os indivíduos ou grupos particulares sabem dos seus carecimentos e, por isso, são mais capazes que as instituições coletivas de traçar os objetivos e prioridades que melhor lhes convêm. Há, aqui, de ambas as partes, uma rejeição implícita ou explícita à ingerência do Estado no processo de decisão e de provisão sociais; mas, enquanto *liberais* e *conservadores* resistem à tal ingerência em nome do predomínio do mercado na regulação das necessidades sociais, tidas como preferências individuais, os *progressistas*, identificados com as esquerdas, temem o autoritarismo e o paternalismo do Estado.

Ambas as preocupações, contudo, apesar das diferenças de fundo e de objetivo, têm contribuído decisivamente para o fortalecimento de um denominador comum: *o ataque às políticas de bem-estar providas pelo Estado e o conseqüente desmantelamento de direitos sociais conquistados a duras penas pelos movimentos democráticos, desencadeados há mais de um século.* É o que será sucintamente demonstrado na análise do que vimos chamando de *approaches* (enfoques) *relativistas.*

2.2. PREVALÊNCIA DOS *APPROACHES* RELATIVISTAS

Dentre os *approaches* relativistas que apresentam preocupações com a ingerência do Estado nos processos de decisão, regulação e provisão sociais, destacam-se, como mais influentes, os mencionados por Doyal e Gough (1991), assim sintetizados:

1. A *Ortodoxia Econômica* do bem-estar, que confunde *necessidades* com *preferências* e *cidadãos* com *consumidores*, cujas opções de consumo são tidas como reflexo de suas necessidades. Trata-se, portanto, de um enfoque nitidamente conservador, que privilegia o mercado como agência-mor de provisão e o *consumidor* (e não o cidadão) como o alvo de satisfações, inclusive públicas. Por essa perspectiva, as preferências de consumo — sejam básicas ou supérfluas, como alimento ou roupa da moda; sejam auto-sustentadas ou não — possuem o mesmo *status* e merecem o mesmo tratamento, pois são elas que, numa economia de mercado, são consideradas soberanas. Assim, a idéia de *necessidade* confunde-se com *preferências partilhadas* ou *demandas* definidas pelos consumidores, os quais são percebidos como dotados de suficientes poderes para conferir reconhecimento social a um bem ou serviço. Para Doyal e Gough (1991) esta concepção baseia-se em dois princípios que remontam aos liberais clássicos:

- no princípio da *concepção subjetiva de interesses*, de acordo com o qual só os indivíduos são capazes de fazer escolhas acertadas;
- no princípio da *soberania* privada, segundo o qual só o *consumo privado* e as *preferências individuais* devem determinar *o que* produzir, *como* produzir e *como* distribuir.

Tais princípios, embora recorrentemente criticados, ainda hoje constituem a base normativa para justificar a falta de interesse da economia neoclássica pela construção do conceito de necessidades sociais (básicas ou não); pois, para esta economia, as *preferências subjetivas* podem ser medidas cientificamente e constituir os principais indicadores de avaliação de políticas e ações sociais.

2. A *"Nova Direita"*, para quem o conceito de *necessidades sociais*, divergente do de *preferências individuais*, é politicamente *perigoso*, por dar mais importância ao Estado do que ao mercado. Assim, à semelhança dos economistas do bem-estar ortodoxos, a "Nova Direita" expressa uma visão essencialista do mercado por entender que este, do ponto de vista moral, é superior a um Estado regulador e paternalista (como o *Welfare State*), além de ser um meio mais eficiente de distribuição de bens e serviços e de alocação de recursos. Por isso, tal *approach* considera perigoso — por implicar autoritarismo — o fato de instituições públicas estabelecerem regras, a serem seguidas pelos indivíduos, a partir de definições de necessidades coletivas e de formas institucionalizadas de satisfazê-las. Entende também que a intrusão estatal nas liberdades individuais e na salutar autonomia do mercado pode se transformar em abuso de poder.

Entretanto, em que pese a atualidade desses argumentos contra os excessos de regulação do Estado de Bem-Estar, há, conforme Little (1998:90-91), um problema perene na aceitação generalizada da superioridade distributiva dos mecanismos de mercado, qual seja: os resultados das operações do mercado pressupõem que todas as pessoas que deles se acercam possuem as mesmas chances de satisfazer as suas preferências individuais. Neste caso, não há o reconhecimento de que algumas pessoas têm mais condições do que outras de satisfazer suas preferências, o que revela total desconsideração, por parte do mercado, da desigualdade social.

Dessa forma, tanto os economistas ortodoxos como a "Nova Direita" cometem o erro grosseiro de equiparar satisfação de necessidades sociais com funcionamento seletivo e discriminatório dos mecanismos de mercado.

3. As *Críticas do Imperialismo Cultural*, para as quais as necessidades variam de grupo para grupo, devendo, por isso, ser definidas pelos segmentos sociais específicos que as padecem. Caso contrário, ocorrerá a opressão ditatorial dos grupos mais fortes sobre os mais fracos, com base no conceito de

necessidades comuns, universais, geralmente definido por quem está no poder.

Diferentes, pois, dos enfoques que privilegiam a soberania individual, as críticas do imperialismo cultural defendem a soberania de grupos específicos, geralmente oprimidos, sem deixarem de reconhecer a importância da coletividade. Mas, ao assim procederem, não escapam do subjetivismo que relativiza o seu conceito de necessidades sociais, pois, para os adeptos desse *approach*, não há necessidades universais, que afetem a todos, mas necessidades particulares, correspondentes a grupos diferenciados (mulheres, negros, homossexuais) ou a minorias; e, estes, por sentirem "na carne" a opressão, sabem, melhor do que ninguém, o que lhes convém.

Identificados com este enfoque, alguns pensadores marxistas apresentam um visível ceticismo a respeito da existência de necessidades sociais objetivas e universais, o que ensejou Doyal e Gough a falar do *paradoxo marxista* no âmbito desta discussão e incluí-lo no rol dos *approaches* relativistas, como segue.

4. *A visão marxista*, fundada na concepção de necessidades como *fenômeno histórico*.

Ao discorrerem sobre o que denominam de *paradoxo marxista* das necessidades sociais, Doyal & Gough (1991) tomam — como não poderia deixar de ser — o próprio Marx como referência analítica. Para eles, "é inquestionável que Marx acreditava na existência de necessidades humanas objetivas", principalmente quando se referia a um conjunto de injunções sofridas, coletivamente, pela classe trabalhadora em sua relação de antagonismo com a classe capitalista, a saber: "'opressão'; 'degradação da dignidade'; 'acumulação da miséria'; 'degeneração física e mental'; 'desavergonhada exploração'; 'escravidão moderna'; 'subjugação'; 'horrores'; 'torturas'; 'brutalidade das esgotantes jornadas de trabalho'; 'modalidades criminosas de economia no processo produtivo'; 'devastação e desperdício da mão de obra pelo capital'; ' severos e incessantes sacrifícios humanos'" (*apud* Lukes, 1991:12).

E o mesmo poderia ser dito, deduzem os autores, do marxismo revolucionário do século XIX.

Entretanto, ao lado dessa concepção objetiva e universal de necessidades, podemos identificar, na tradição marxista, considerações relativistas e subjetivistas calcadas na compreensão de que necessidades básicas são essencialmente produto do meio e da cultura dos quais os homens fazem parte.

Agnes Heller é um dos principais expoentes dessa compreensão. Levando o seu "ceticismo acerca das necessidades humanas universais às suas últimas conseqüências lógicas", ela "sustenta que, devido ao impacto holístico da sociedade na consciência humana, assim como na formulação do que sejam ou não necessidades básicas, é impossível comparar culturas no que tange a seus progressos na maximização da satisfação de necessidades" (Doyal e Gough, 1991:13). Para Heller, portanto, a estrutura das necessidades varia de um modo de produção para outro, sendo impossível, por isso, comparar culturas diferentes com base num conceito comum. Ou seja, no entender de Heller, necessidades são sentimentos conscientes de carecimentos socialmente relativos, os quais expressam desejos que se diferenciam de grupo para grupo. "Em sua maioria", diz ela, "as necessidades são *sentimentos combinados*, chamados de 'disposições de sentimentos'" (1998:37-48). Mas o sentimento consciente também pode ser uma *motivação* em busca do preenchimento da "falta de alguma coisa" ou da eliminação dessa falta. E, nessa busca, o *eu* se expande, assim como podem surgir novas necessidades *pessoais* ou *sociais*. *Pessoais*, porque só as pessoas desejam conscientemente algo, e *sociais*, porque o objeto da necessidade é produzido socialmente. Daí por que, de par com as *necessidades naturais* (ou biológicas), ligadas à sobrevivência, ela fala, inspirada em Marx, de *necessidades radicais*[12],

---

12. Em contraposição ao que tautologicamente denomina de "necessidades necessárias", as "necessidades radicais", valorizadas por Heller e identificadas em Marx, são aquelas que não se integram ao capitalismo e, portanto, desenvolvem-se contraditoriamente no interior desse modo de produção, visando superar a estrutura das necessidades necessárias à ordem burguesa. Trata-se, pois, de outro sistema de necessidades, irredutível ao plano econômico e radicalmente distinto das necessidades alienadas da sociedade capitalista (Heller, 1998a).

que se processam, contraditoriamente, durante o desenvolvimento do próprio capitalismo. Isto quer dizer que a *contradição histórica*, que constitui a *chave* da mudança radical no processo de superação do sistema de necessidades capitalista, contra-indica a adoção de um conceito objetivo (ou naturalista, diz ela) de necessidades humanas básicas e universais, "posto que as necessidades materiais estão limitadas pela produção, enquanto os mais variados 'objetos' põem limites a outras necessidades" (Heller, 1998a:48).

Além de Heller, também Marcuse (*apud* Little, 1998) está convicto de que as necessidades sociais existentes no sistema capitalista são relativas, já que são manipuladas por condições socioeconômicas, dada a prevalência da racionalidade e da ideologia do industrialismo. Em vista disso, ele parece apostar, à maneira de Heller, no efeito transformador das contradições internas ao sistema, mormente daquelas observadas entre o *incremento das necessidades manipuladas* e a *inabilidade capitalista de satisfazê-las*. Em decorrência dessa contradição, acredita ele ser possível uma redefinição do padrão capitalista de necessidades baseada numa radical inversão de valores e numa nova política, o que põe também em evidência o seu ceticismo a respeito da construção de um conceito universal e objetivo de necessidades humanas básicas.

Mais recentemente, Lodziak (*apud* Little, 1998) vem reforçando a tese marcusiana da manipulação das necessidades, destacando quatro características dessa manipulação, a saber:

a. o sistema capitalista controla os recursos que os indivíduos têm ao seu dispor para satisfazer suas necessidades;

b. o sistema capitalista manipula o tempo que os indivíduos podem usar para as suas atividades autônomas;

c. a dinâmica da reprodução do sistema capitalista é sustentada pela restrição da autonomia individual;

d. o sistema capitalista provê apenas oportunidades privatistas para desenvolver identidades que reforçam a reprodução do sistema.

Em outras palavras, os tão decantados consumismo e liberdade de consumir no sistema capitalista não são, para Marcuse e Lodziak, capazes de satisfazer necessidades individuais que promovam um "senso do eu" significativo (Little, 1998). Por isso, a tese que defendem da manipulação das necessidades denuncia, *no plano social*, a contração da esfera pública e a erosão dos valores cívicos, os quais cedem lugar aos valores do crescimento econômico e do lucro privado; e, no *plano individual*, denuncia o crescimento da motivação privatista em construir uma auto-identidade, a qual é freqüentemente equacionada com a expansão do individualismo, à expensas do interesse comum.

Ficam, assim, evidentes laivos relativistas em fecundos pensadores marxistas no trato da questão conceitual e política das necessidades humanas, embora tal visão não se expresse de forma homogênea. Entre os autores mencionados, as principais diferenças são: Heller afasta-se de Marcuse quando, ao ressaltar a *contradição*, prevê "um nexo dialético imprescindível entre condições e consciência; necessidades necessárias e radicais; elemento material e quantitativo e elemento qualitativo (...), contrapondo a uma atitude economicista (forte, em Marcuse) uma outra valorativa" (Rovatti, 1998:18). Lodziak, por sua vez, diferencia-se de Marcuse por ser mais otimista no que tange à mudança. Enquanto Marcuse vê a superação do padrão capitalista de necessidades somente a partir da emergência e prevalência radicais de um padrão alternativo, Lodziak aposta nos efeitos perturbadores estratégicos de uma reiterada "ideologia de oposição", no interior do sistema capitalista, embora esteja cônscio dos obstáculos institucionalizados que impedem a livre mobilização popular contra a reprodução desse sistema.

5. Os *Democratas Radicais*, que, ao contrário da Ortodoxia Econômica, da "Nova Direita" e das Críticas do Imperialismo Cultural, rejeitam o primado do individualismo e da soberania dos grupos específicos na definição de necessidades (encaradas como discursos) e nas formas de satisfazê-las. Em decorrência, advogam uma reforma democrática radical, endossando uma visão de democracia e de pluralismo que

não se coaduna com a idéia de indivíduos e grupos segmentados definindo o que melhor lhes convém. Fazem parte desse *approach* intelectuais pós-modernistas e pós-estruturalistas ou pluralistas moderados, como Walzer, os proponentes radicais de um socialismo pluralista, como Laclau e Mouffe, e os identificados com a esquerda chamada por Gorz de pós-industrial, como Keane, os quais condicionam a formação das identidades individuais ou grupais à influência do meio social (Little, 1998:92-93). Assim, para os Democratas Radicais, os grupos devem ter o direito de lutar pelos seus interesses e de perseguir os seus objetivos, mas sem desrespeitar as regras e a cultura que os unem aos demais membros da sociedade. É só por esse caminho, dizem eles, que indivíduos e grupos poderão ampliar os limites de suas identidades particulares, aumentando, concomitantemente, a riqueza normativa da coletividade.

Contudo, a identificação desse *approach* com o relativismo cultural torna-se evidente quando é explicitada, nos termos de Keane (*apud* Pierson, 1991), a necessidade de serem estabelecidos um Estado democrático e uma sociedade civil constituída de uma pluralidade de esferas públicas, nas quais indivíduos e grupos possam expressar abertamente a sua solidariedade ou a sua oposição a outros indivíduos e grupos. Com isso, salienta Keane, o conceito de democratização deixará de motivar uma fútil busca de verdades definitivas referentes à vida humana, ao mesmo tempo em que ajudará os homens a viverem autonomamente, sem a tutela de um assumido agente histórico de emancipação (o Estado), descartando-se, de uma vez por todas, concepções ideológicas indefensáveis, como a de *necessidade objetiva e universal*.

No bojo dessa concepção de democracia, hoje muito cotada, está a defesa do primado da sociedade sobre o Estado, bem como da radical transformação das sociedades civis existentes. Keane, por exemplo, define a sociedade civil como "um agregado de instituições cujos membros acham-se engajados basicamente em um complexo de atividades não-estatais — produção econômica e cultural, vida doméstica e associações voluntárias —, membros estes que preservarão e

48 NECESSIDADES HUMANAS: Subsídios à crítica dos mínimos sociais

transformarão a sua identidade exercendo toda sorte de pressão sobre as instituições estatais (*apud* Pierson, 1991:42). As sociedades civis prevalecentes, postula Keane, ainda dominadas pelos homens, pelos brancos, pelos heterossexuais e por corporações privadas, devem mudar, pois elas são atualmente inadequadas às tarefas de repensar a aspiração dos homens, tanto por liberdade quanto por igualdade. Porém, acrescenta, só com a restituição aos atores sociais organizados de muitas das funções de provisão social, exercidas pelo Estado, é que tal tarefa poderá ser realizada. Portanto, por essa perspectiva, é a sociedade que deve, de certa forma, definir necessidades sociais e as formas de satisfazê-las.

Esse mesmo entendimento é partilhado por Pierre Rosanvallon (1984). Para este autor, o bem-estar, atualmente, só pode ser realizado mediante três condições: redução da intervenção do Estado; restauração da ajuda mútua como uma função da sociedade; e criação de maior visibilidade social. Com isso, supera-se, acredita ele, a infrutífera dicotomia entre Estado e mercado, bem como a tradicional tendência de minimizar o papel da sociedade na provisão social, ganhando, esta, maior densidade para efetuar intercâmbios no seu próprio âmbito e com o Estado e o mercado.

Em suma, o *approach* democrata radical presta pouca atenção ao papel do Estado como o *garante* da satisfação das necessidades humanas básicas, preferindo, em vez disso, superestimar, nessa satisfação, o papel da sociedade civil. Entretanto, tal como salienta Little (1998:93), convém informar que também neste enfoque não há uma concepção homogênea. Walzer talvez seja o alvo maior de críticas, por sua defesa entusiasta da proteção social pluralista; já Keane, assim como Laclau e Mouffe, são mais contidos na valorização da sociedade civil e percebem o Estado como agente destacado na provisão de condições adequadas sob as quais as instituições da sociedade civil poderão se desenvolver.

6. Os *Fenomenólogos*, segundo os quais as *necessidades* são fenômenos socialmente construídos e, portanto, passíveis de definição não objetiva, uma vez que são essencialmente subjetivos. Sendo assim, este enfoque questiona categorias

abstratas, bem como procedimentos científicos que ignoram as complexas negociações individuais, cujo significado influi na realidade do dia-a-dia. Nesse questionamento, rejeita o caráter objetivo e universal das necessidades sociais básicas, por considerar estas necessidades construções dinâmicas que, na prática, estariam estreitamente dependentes da visão de mundo dos formuladores e executores de políticas. Isso equivale a dizer que, para os fenomenólogos, a existência de necessidades reflete a ideologia dos que as qualificam — geralmente profissionais do bem-estar —, a estrutura das organizações responsáveis pelo seu enfrentamento e os limites políticos dentro dos quais profissionais e organizações operam. Ou seja, a mensagem transmitida por essas argumentações contém, novamente, a suposição recorrente de que só os sujeitos que são alvo das políticas de bem-estar podem realmente saber do que necessitam.

Segundo Doyal e Gough (1991), modernos estudos sobre *privação* e *pobreza* também sustentam argumentos fenomenológicos, definindo, de regra, a *privação* como necessidades não atendidas e a *pobreza* como ausência de recursos materiais ou monetários para satisfazer necessidades. Salientam também que desde os trabalhos pioneiros de Townsend, em 1962, e de Runciman, em 1966, sobre pobreza, na Inglaterra, há um amplo entendimento de que a privação social é um fenômeno relativo que varia através do tempo e depende da situação social em que se processa. Não é por acaso que as *necessidades* têm sido freqüentemente definidas tomando-se como referência obrigações, formas de associações e costumes partilhados pelos membros de uma dada sociedade, em um contexto variável de privação e pobreza. É o que também apontam Baran e Sweezy (1974:287), quando denunciam como falta de sentido, na melhor das hipóteses, ou erro deliberado, na pior das hipóteses, o fato de a pobreza ser uma questão relativa para os teóricos burgueses, que a definem ao seu bel-prazer. "Muitos", dizem eles referindo-se ao contexto norte-americano, "vão ao ponto de dizer que como o americano mais pobre (...) indubitavelmente dispõe de maior renda do que um trabalhador ou camponês médio em muitos países subdesenvolvidos, não há realmente pobreza nos Estados Unidos".

Do exposto, depreende-se que, seja nos redutos da *direita*, da *esquerda* e do *centro*, seja nos pensamentos tradicional e pós-moderno, seja, ainda, nos discursos e argumentações de governos, políticos, reformadores, trabalhadores sociais, o refrão dominante é o mesmo: *não existe um conceito universal e objetivo de necessidades sociais*. E, insistir no contrário, alertam Doyal e Gough, é visto como uma busca infrutífera ou como "jogar luz num terreno pantanoso".

Mas, se é assim, por que será que desde os tempos pré-capitalistas a noção de necessidades sociais está presente, desafiando a inteligência dos pensadores, reformadores, revolucionários sociais e se afirmando como uma questão ética e política? Por que será que sempre houve empenho por parte da sociedade e do Estado em criar formas de satisfação de carecimentos coletivos, que apresentam identidade entre si e regularidade no tempo? O que explica, afinal, a existência de políticas públicas, se não há, como entendem os relativistas e subjetivistas, um motivo público, supra-individual, que as justifique e um padrão de satisfação de necessidades a ser levado em conta? Como garantir a continuidade, a sistematicidade e a previsibilidade de tais políticas, se os carecimentos para os quais estão voltados são instáveis e fugidios?

As respostas a esses questionamentos não encontram suporte nos *approaches* apresentados, exigindo, conseqüentemente, outras bases conceituais e analíticas. E isso acontece porque tais *approaches* padecem de flagrantes limitações, como as indicadas a seguir.

2.3. CRÍTICA AOS *APPROACHES* RELATIVISTAS

Há muitas inconsistências na defesa do princípio da satisfação de *preferências individuais* e da *soberania do consumidor*, pois isso equivaleria a supor que os indivíduos seriam as únicas autoridades a saber o que é melhor para si. Essa suposição revela-se insustentável pelo seguinte motivo: tais indivíduos precisariam ser dotados de conhecimentos e racionalidades excepcionais para suprir a ausência de conhecimentos e racionalidades coletivas, que existem de fato e constituem a melhor referência para a formulação de políticas públicas. Portanto, apostar na sensibilidade e no impulso individual, em detrimento da acumulada sabedoria coletiva, é correr o risco de acatar demandas baseadas na ignorância, no egoísmo, na competição desbragada, que, segundo Doyal e Gough (1991), são epistemologicamente irracionais e não servem de critério para o bem-estar social.

Além disso, como lembra Armatya Sen (1976), políticas de bem-estar que visem atender desejos ou preferências individuais seriam inglórias, não só pela impossibilidade de se medir a satisfação dessas preferências, sem um critério objetivo e externo ao indivíduo, mas também pelo fato de muitas pessoas, devido a dificuldades insuperáveis de existência, reduzirem o arco de seus desejos e se conformarem com o que têm.

Vale salientar ainda o argumento comum apresentado por diferentes críticas endereçadas à soberania do consumidor, segundo o qual não são as preferências individuais que orientam o mercado, mas é o mercado quem cria, até as raias do absurdo, as preferências individuais.

Há, portanto, visível incompatibilidade entre o princípio da soberania do consumidor, vinculado ao mercado, e o conceito de necessidades sociais, que serve de parâmetro para a formulação de políticas públicas como algo que extrapola e põe limites às forças livres desse mercado.

Por seu turno, o argumento básico de que só os indivíduos ou grupos específicos podem fornecer elementos para a definição mais adequada de políticas de bem-estar dá igualmente ênfase à prevalência do mercado sobre o Estado na provisão social e, conseqüentemente, elege o capitalismo como o melhor sistema. Tal argumentação tem suas raízes na mais sofisticada declaração filosófica das virtudes do mercado e do capitalismo — que serviu de referência ao ideário neoliberal, desde meados dos anos 70 —, apresentada pelo austríaco

Friederich von Hayek, segundo a qual a grande "sociedade" liberal defendida por Adam Smith, no século XIX, só poderia ser assegurada na base da *catallaxy* — um neologismo criado por Hayek para descrever um tipo especial de ordem espontânea produzida pelo mercado, tido este como o único mecanismo capaz de garantir uma sociedade livre e justa.

Contudo, como frisa Pierson (1991), a postura smithiana de Hayek é um tanto quanto contraditória, pois, não obstante ela assumir-se liberal, reflete uma boa dose de conservadorismo ao ver na *ordem* e na *tradição* um referencial a ser seguido. Por isso, de par com a defesa conservadora do *status quo*, Hayek apresenta um viés sociológico que também está presente nas políticas neoliberais de satisfação de necessidades, qual seja: o reconhecimento da importância da regulação praticada por um agente político central sobre milhares de decisões sociais tomadas a cada dia. Como é óbvio, este agente político central seria o Estado, que, apesar da sua centralidade, teria um papel limitado, pois o dever da autoridade pública, na visão de Hayek, não é perseguir as suas próprias finalidades, mas propiciar um quadro de referência dentro do qual a *catallaxy* possa se desenvolver. Desse ponto de vista, as funções do Estado seriam:

- prover a segurança coletiva contra a ameaça de um assalto externo;
- preservar a autoridade da lei;
- prover, sem necessariamente administrar, bens coletivos que o mercado não pode prover com eficiência, tais como: proteção contra a violência, regulação da saúde pública, construção e manutenção de estradas, etc.

A essas funções, encaradas como deveres básicos do Estado, Hayek acrescenta:

- provisão de um certo *mínimo de renda* para aqueles que, por vários motivos, não podem participar do mercado, tais como: doentes, idosos, pessoas física e mentalmente incapazes, viúvas e órfãos.

Entretanto, esse compromisso social mínimo do Estado afigura-se muito mais como um dever moral do que cívico, pois Hayek é veemente na sua rejeição às políticas sociais como instrumentos de concretização de direitos de cidadania sob a responsabilidade do *Welfare State*. Para ele, o Estado deve prover um mínimo de *safety net* (rede de segurança) para prevenir ou enfrentar a pobreza extrema (nunca a *relativa*), mas sem elevar os destinatários deste mínimo de provisão à condição de titulares de direitos, que implicam deveres dos poderes públicos, para não contrariar a lógica espontânea e justa do mercado. É esta a concepção de provisão de mínimos sociais que está atualmente em alta no mundo e no Brasil, sob a influência da ideologia neoliberal da qual Hayek é considerado o mentor intelectual.

Todavia, em que pese a desconsideração ou o combate neoliberal aos direitos de cidadania social, a estipulação, por essa ideologia, de um mínimo de provisão, expressa, implicitamente, alguma noção de necessidade objetiva, identificada com o conceito de *pobreza absoluta*. Assim, como assinala Plant (*apud* Doyal e Gough, 1991), a noção neoliberal de pobreza, como um padrão absoluto de necessidade, presume que há um consenso subjacente entre os seus adeptos de que existem necessidades básicas comuns, que eles preferem chamar de *mínimas*. Do contrário, não haveria por que um agente central — o Estado — arcar com a provisão de um mínimo de bem-estar coletivo.

Por conseguinte, a explícita e difundida negação da existência de necessidades básicas como *padrão objetivo* é, no dizer de Doyal e Gough (1991), freqüentemente acompanhada (mesmo nas hostes liberais) de uma implícita e dissimulada aceitação dessa existência. E isso tem criado um indisfarçável incômodo político para os *approaches relativistas de direita*, pois tal negação tem uma clara função ideológica de fazer crer que há uma natural e indiscutível correspondência entre a lógica do mercado e a justiça social. Assim, se para o ideário liberal a autodeterminação individual constitui o cerne da crença de que a sociedade capitalista é, do ponto de vista moral, a mais *justa* e, do ponto

NECESSIDADES HUMANAS: Subsídios à crítica dos mínimos sociais

de vista produtivo, a mais *eficiente*, fica difícil aceitar qualquer outro critério de bem-estar que ponha em xeque as preferências individuais. Porém tal ideologia não tem encontrado sustentação empírica.

Vale salientar, ainda, que, a negação da existência de necessidades básicas objetivas e universais, por parte de correntes de esquerda, pode minar o ideal socialista de alcançar uma efetiva sociedade de bem-estar no futuro; pois, sem o conceito de necessidades humanas básicas, que estão na base da chamada questão social, fica difícil precisar que deficiências existem no sistema de bem-estar burguês e como elas podem ser superadas.

Tal dificuldade, contudo, vem sendo contornada na prática com a identificação, pelas esquerdas, da exploração das classes subalternas e da opressão de minorias sociais, a partir daquilo que essas classes e grupos têm em comum no sistema capitalista: a violação de suas necessidades básicas e dos direitos correspondentes à satisfação dessas necessidades.

Dessa forma, e ironicamente, o relativismo detectado nessas correntes como recurso para atacar o imperialismo cultural, que se manifesta sob diferentes formas (machismo, sexismo, paternalismo), apenas soa plausível quando já existe, objetivamente, acordo interno sobre *quem* necessita ser atendido e o *que* deve ser feito, a partir de um conjunto de necessidades definidas e problematizadas.

Portanto, também as esquerdas têm aceito, implicitamente, a existência de um padrão de necessidades que se estende para além das fronteiras culturais, porque, sem esse padrão, não há segurança na definição de medidas não arbitrárias e não aleatórias de políticas sociais. Tais medidas, por seu turno, para não se transformarem em desmedidas, terão que se identificar com alguma forma de regulação pública e de racionalidade coletiva. Mas tudo isso terá que se apoiar em uma coerente teoria das necessidades humanas — especialmente no contexto capitalista, onde imperam percepções equivocadas de necessidades —, pois, sem essa teoria, há pouca possibilidade, lembram Doyal e Gough (1991), de se evitar a prevalência de um perigoso idealismo, apoiado na crença de que, se deixados sozinhos, os indivíduos sabem se autoproteger ou se auto-assistir.

Por fim, o relativismo de tipo fenomenológico, ao considerar a vida social como uma "construção", na qual cada aspecto dessa vida tem a mesma veracidade que qualquer outro aspecto, acaba por conceber um *sui generis* contexto moral, onde praticamente tudo é permitido. E, aí, fica realmente difícil definir necessidades e políticas públicas correspondentes.

Não admira, pois, que, como herança dessa forte tendência negadora da existência de necessidades básicas objetivas e universais, encontremos, ainda hoje, classificações que intentam defini-las, mas não as especificam, como será analisado no próximo capítulo.

CAPÍTULO III

Tentativas de especificação de necessidades básicas

3.1. A PRIMAZIA DA DIMENSÃO SOCIAL SOBRE A NATURAL

Segundo Lima (1982:22) "vãos têm sido os esforços do investigador quando procura encontrar nos textos institucionalizados alguma teoria ou intento de estudo rigoroso das necessidades". Quando não as negam, os estudos disponíveis estão mais preocupados em identificá-las empiricamente, tendo como parâmetro as diferentes dimensões da vida humana: física ou biológica, social, cultural, política, psicológica, moral, afetiva.

Alguns autores hierarquizam as necessidades a partir de uma dimensão primária, que pode ser biológica ou psicológica[13]. Outros a encaram não só como fenômeno passivo, mas também ativo, ou como *motivação* em busca do preenchimento de alguma falta ou lacuna.

---

13. Uma das classificações mais conhecidas é a de Maslow, que hierarquiza as necessidades tendo como base os carecimentos psicológicos dos indivíduos. A partir da satisfação desses carecimentos, outros, de natureza distinta, vão sendo escalonados, como segurança, amor, pertencimento, estima, conhecimento, realização pessoal, etc.

58 NECESSIDADES HUMANAS: Subsídios à crítica dos mínimos sociais

Identificado com a dimensão biológica, surgiu o *concei-to* de necessidades *naturais*, vitais ou de sobrevivência, como sinônimo de necessidades básicas. Estas em nada diferiam das necessidades animais e, portanto, não exigiam para o seu atendimento nada mais do que um mínimo de satisfação, como prega a ideologia liberal. O curioso é que tais necessidades sempre estiveram garantidas nas sociedades primitivas, pré-capitalistas; mas, no capitalismo — fase avançada do desenvolvimento científico e tecnológico — elas nunca foram resolvidas. É como diz Heller: "[ironicamente], o capitalismo constitui a primeira sociedade que, mediante a força e estrutura social, condena classes inteiras da população a lutar quotidianamente pela satisfação das necessidades existenciais puras e simples, desde a época da acumulação primitiva até hoje" (1998:171). Daí por que, para Heller, que se referencia em Marx, as necessidades naturais não constituem um conjunto de necessidades, mas um *conceito limite*, um "nível bestial", indigno do homem.

Ao encararem as necessidades como um *conjunto*, vários estudiosos, dentre os quais Marx, seguido por Heller, extrapolam o conceito de *necessidades naturais*, lembrando que nem mesmo as necessidades de sobrevivência humana podem ser vistas como idênticas às animais. E isso não só porque o homem não come carne crua e sem condimentos, mas porque, para sobreviver, ele precisa de algo mais: abrigo, vestuário, instrumentos de caça e pesca etc., que têm um conteúdo humano e um caráter social. Ou, na consideração de Heller (1998:171): tais necessidades "não podem ser definidas como 'naturais', já que são susceptíveis de interpretação como necessidades concretas no seio de um contexto social determinado". Sendo assim, "nem sequer a necessidade de alimentar-se pode ser definida com 'exatidão biológica' (...)", pois "os modos de satisfação fazem social a necessidade mesma" (1998:31).

Marx foi um dos que, antes de falar de necessidades humanas, introduziu o conceito de *necessidades existenciais* como sinônimo de necessidades primárias relacionadas ao instinto de autoconservação. Mas, mesmo nesse nível de re-

MÍNIMOS SOCIAIS: UM CONCEITO CONTROVERSO 59

lação do homem com o objeto primário de sua necessidade, Marx mostrou que há diferenças fundamentais entre os seres humanos e os animais. Como assinala nas suas linhas fundamentais da crítica à economia política (*Grundrisse*, 1977:7), o homem, que se satisfaz com garfo e faca, é diferente dos animais, que se satisfazem com carne crua; por isso, as necessidades existenciais daquele deverão corresponder às formas de satisfações sociais. O ser humano, segundo Marx, é, no sentido mais literal do termo, um animal político[14], a par de ser um animal social, que só pode ser considerado na sociedade. Ou: "o homem cria os objetos de sua necessidade e ao mesmo tempo cria também os meios para satisfazê-la". Já com os animais, as "suas necessidades e seus objetos de satisfação já vêm 'dados' pela sua constituição biológica" (Heller, 1998:44).

Em vista disso, Marx estava convencido de que a tentativa de limitar a natureza humana à dimensão *biológica* ou mesmo *econômica* e *material* constituía um sério equívoco. Para ele, haveria que se levar em conta necessidades *propriamente humanas* que, alicerçadas na *consciência da liberdade*, ensejariam aos homens a busca da libertação da *fatalidade* natural. Assim, da essência humana constam não apenas a sobrevivência, mas também qualidades "como trabalho (objetivação), a sociabilidade, a universalidade, a autoconsciência e a liberdade. Estas qualidades essenciais já estão dadas na própria hominização, como meras possibilidades; tornam-se realidade no processo indefinido da evolução humana" (Heller, 1970:78).

Abre-se, assim, a partir de Marx, um leque de fecundas considerações sobre necessidades humanas, que também são sociais, muito embora tais considerações se apresentem

---

14. A esse respeito, Hannah Arendt desenvolve uma reflexão em que, à semelhança de Marx, prioriza não o homem como um *zoon politikon* — na expressão de Aristóteles —, mas as relações entre os homens. Assim, ressalta que a política surge não *no* homem, mas *entre* os homens. Ou melhor, não existe no homem algo político que pertença à sua essência. "A política surge no *entre os* homens; portanto, totalmente fora dos homens" (...). "A política surge no intra-espaço e se estabelece como relação" (1998:23).

NECESSIDADES HUMANAS: Subsídios à crítica dos mínimos sociais

conceitualmente inespecíficas. É a própria Heller quem detecta essa inespecificidade em sua famosa incursão na obra de Marx[15], da qual extrai um conjunto de observações e descobertas referentes ao *conceito de necessidades*.

Segundo Heller (1998), a originalidade da concepção marxista, em relação à da economia política clássica, está no fato de a necessidade não ser vista como um fenômeno puramente econômico, impossível de ser transportado para outros planos das relações humanas. Pelo contrário, já nos *Manuscritos econômicos e filosóficos*, de 1844, Marx deixava entrever que *necessidade* era um conceito extra econômico (histórico, filosófico e antropológico), no qual o bem-estar dos homens estaria acima dos interesses do capital. Tanto é assim que concebia como uma expressão da alienação capitalista a redução do conceito de necessidades à necessidade econômica para a qual o fim da produção não é a satisfação das necessidades, mas a valorização do capital (Heller, 1998:25).

Todavia, em que pesem essas considerações originais e o fato de o conceito de necessidade assumir papel preponderante na economia política marxiana, especialmente no que tange às teorias do valor de uso (bens para a satisfação de necessidades), da mais-valia (valorização do capital sobre o valor de uso) e da força de trabalho como mercadoria especial (valor da força de trabalho tendo como parâmetro as necessidades do trabalhador), Marx, na interpretação de Heller (1998:22), nunca definiu tal conceito, e nem ao menos descreveu o que entendia por ele. E essa é uma tendência que pode ser detectada nas mais alentadas contribuições marxistas e não marxistas posteriores.

Contemporaneamente, a falta de definição do que sejam necessidades humanas básicas pode ser detectada inclusive em documentos oficiais, que ganham em qualidade porque

---

15. Como parte de um projeto filosófico geral de realizar uma antropologia marxista que abarcava temas como *afeto, paixões, personalidade*, etc., Heller procede a uma leitura de Marx centrada no tema *necessidades,* publicando, em 1978, o livro intitulado, em língua espanhola, *Teoria de las necesidades en Marx.* Hoje, esta obra está em sua terceira edição espanhola (1998).

MÍNIMOS SOCIAIS: UM CONCEITO CONTROVERSO   61

valorizam a dimensão humana como indicador importante do desenvolvimento das nações. É o caso dos Relatórios de Desenvolvimento Humano (RDH), do Programa das Nações Unidas para o Desenvolvimento (PNUD), da Organização das Nações Unidas, que vêm despertando no mundo inteiro a atenção dos formuladores de políticas sociais e econômicas, como será visto a seguir.

3.2. A VALORIZAÇÃO DA DIMENSÃO HUMANA EM RECENTES INFORMES OFICIAIS

O primeiro documento elaborado em 1990, que serviu de base e ponto de partida para uma série de relatórios ou informes subseqüentes, publicados anualmente, atém-se à *definição, medição* e *análise* das políticas de desenvolvimento humano, partindo do pressuposto de que não há um vínculo direto e automático entre esse tipo de desenvolvimento e o desenvolvimento econômico. Além disso, apresenta um conjunto de indicadores que passam a compor o Índice de Desenvolvimento Humano (IDH), o qual, com algumas modificações, é mantido até 1998[16].

Dada a importância desses informes para a reflexão contemporânea sobre as necessidades humanas básicas e as políticas de satisfação otimizada dessas necessidades, faremos uma descrição sucinta[17] de sua concepção e proposta em re-

---

16. Devido aos efeitos econômico-sociais deletérios do rápido e crescente processo de globalização da economia, o cálculo do Índice de Desenvolvimento Humano pautou-se, em 1999, por uma metodologia diferente da adotada nos anos precedentes. Nesse cálculo, os ganhos no padrão de vida de cada cidadão passaram a ter maior relevância, o que conduziu à conclusão de que as desigualdades sociais e econômicas avançam aceleradamente e de forma globalizada. Assim, com a nova metodologia, o IDH de vários países piorou. O Brasil que, em 1998, ocupou o 62° lugar no *ranking* mundial, com um índice de desenvolvimento humano de 0,809, aparece, em 1999, em 79° lugar, com um IDH de 0,739.

O Relatório de Desenvolvimento Humano do ano 2000 deixa de ser mencionado neste trabalho pelo fato de sua publicação coincidir com o término da pesquisa.

17. Esta descrição apóia-se na síntese preparada por Maristela Zorzo e Ieda Rebelo Nasser sobre o conteúdo dos RDHs de 1990 a 1999. Parte dessa síntese consta do quadro que figura como Anexo 1 deste livro.

lação aos temas particulares que, anualmente, constituem o eixo analítico de cada um deles.

Na concepção do PNUD, evidenciada já no primeiro relatório (RDH-90), o acesso à renda é apenas um dos componentes do desenvolvimento e, por isso, não é considerado um fim em si mesmo, mas um meio de adquirir bem-estar humano, que inclui: *uma vida prolongada, conhecimento, liberdade política, segurança pessoal, participação cumulativa* e *direitos humanos garantidos*. Assim, embora possam ser infinitas e mudar com o tempo, as três oportunidades essenciais, para todos os níveis de desenvolvimento, são: *desfrutar uma vida prolongada e saudável, adquirir conhecimentos* e *ter acesso aos recursos necessários para obter um nível de vida decente*. Se estas oportunidades essenciais não existirem, outras alternativas quedarão inacessíveis.

Em vista disso, o desenvolvimento humano é entendido pelo PNUD como um processo de ampliação de oportunidades, no qual as pessoas, tanto individual como coletivamente, possam desenvolver todos os seus potenciais e levar uma vida produtiva e criativa conforme suas necessidades e interesses.

De par com essas oportunidades essenciais, outras foram reconhecidas como importantes elementos constitutivos do cálculo do IDH de 1990, a saber: *liberdade política, econômica e social*; *possibilidade de o indivíduo ser criativo e produtivo*; *respeito a si próprio*; e *garantia de direitos humanos*.

Como indicador-chave da *longevidade*, o RDH-90 estabeleceu a *esperança de vida ao nascer*, dado o peso deste indicador na crença comum de que uma vida prolongada é valiosa em si mesma e o fato de vários benefícios indiretos (como nutrição adequada e boa saúde) estarem estreitamente relacionados com essa oportunidade.

Em relação ao *conhecimento*, os dados sobre alfabetização foram considerados apenas como um reflexo do acesso à educação, pois em um conjunto mais variado de indicadores os níveis mais elevados de escolaridade e de obtenção de conhecimentos devem ser priorizados. Isso sem desconsiderar que, para o desenvolvimento humano básico, a erradicação do analfabetismo merece ênfase.

O terceiro componente-chave do IDH-90, isto é, *o manejo dos recursos requeridos para uma vida decente*, é apontado como o de mais difícil medição, pois, para tanto, precisa-se de dados sobre o acesso à terra, ao crédito, à renda e a outros recursos. Porém, dada a escassez de informações sobre muitas dessas variáveis, o RDH-90 utilizou a *renda per capita* como indicador básico.

O relatório de 1990 também examinou alguns dos principais fatores que contribuem para o alcance de um nível decente de vida, especialmente o acesso a alimentos e a serviços sociais ou de utilidade pública básicos, como abastecimento de água, saúde, educação. Mas, no relatório de 1991 e nos subseqüentes, o conceito de desenvolvimento humano, bem como o índice de desenvolvimento correspondente (IDH), é ampliado, sendo nele incorporados outros aspectos, como *liberdade política, igualdade entre os sexos*, dentre outros.

Esses relatórios analisam, também, com mais detalhes, a *administração* e o *financiamento* do desenvolvimento humano em torno de um tema específico, eleito anualmente, a saber: em 1991 — *financiamento público*; em 1992 — *dimensões internacionais do desenvolvimento e disparidades entre nações ricas e pobres*; em 1993 — *participação popular*; em 1994 — *segurança humana*; em 1995 — *progresso das mulheres*; em 1996 — *relação entre crescimento econômico e desenvolvimento humano*; em 1997 — *erradicação da pobreza e sua prioridade*; em 1998 — *benefícios e distorções dos atuais padrões de consumo*; em 1999 — *globalização com face humana*.

Para maior visualização das concepções e propostas desses relatórios, apresentamos no anexo n° 1, um quadro que contém, sinteticamente, o *tema de concentração*, a *evolução do conceito de desenvolvimento humano*, o IDH e outros índices adotados no período de 1991 a 1999.

A partir desta descrição, fica patente, como dizem Doyal e Gough (1991), que os RDHs marcam um avanço significativo sobre outros intentos de medição do desenvolvimento social (como, por exemplo, os do Banco Mundial), por pelo menos quatro motivos: a) inovam ao incluírem variáveis não econômicas como indicadores de um desejável e adequado padrão de vida; b) apresentam uma formulação mais rica de desenvolvimento, privilegiando a formação de capacidades humanas e o uso dessas capacidades na participação das pessoas na vida social; c) concebem a satisfação das necessidades básicas como oportunidades de melhoria da vida humana, e não como um recurso "limite"; d) prevêem a otimização dessa satisfação de necessidades, renegando, dessa forma, o *mínimo* de sobrevivência como um padrão aceitável.

Contudo, em que pese esse avanço, continua presente nos RDHs a inespecificidade das necessidades humanas básicas.

Na tentativa de enfrentar esse problema é que passamos a nos valer (não sem os devidos ajustamentos) das postulações de Doyal e Gough (1991) sobre a matéria.

CAPÍTULO IV

Especificação de necessidades humanas básicas a partir de teorias recentes

4.1. IDENTIFICAÇÃO DE NECESSIDADES HUMANAS BÁSICAS COMO FENÔMENOS OBJETIVOS E UNIVERSAIS

Dos estudos disponíveis sobre necessidades humanas básicas, o que possui maior densidade analítica e coerência teórico-conceitual, além de apresentar afinidade com a concepção de necessidades humanas básicas deste livro — por oposição à de necessidades mínimas — é o dos autores ingleses Len Doyal, do London Hospital Medical College, e Ian Gough, da University of Manchester (hoje na University of Bath), publicado em 1991 e intitulado *A theory of human need*. Este livro, traduzido em 1994 para a língua espanhola e ganhador dos prêmios Gunnar Myrdal, de 1992, e Tamara Deutscher Memorial, de 1993, realizou, na opinião de Little (1998:90), a mais fecunda conceituação das necessidades humanas nos anos recentes, apresentando uma rigorosa defesa da teorização no campo das necessidades, uma sofisticada e bem formulada teoria das necessidades, um balanço comparativo da significação prática da satisfação de necessidades e uma análise das implicações políticas e estratégicas de suas proposições teóricas.

Insistindo na importância de se definir, de forma *objetiva*, o conceito de necessidades humanas básicas — com vista à formulação mais coerente e confiável de políticas públicas —, os autores ressaltam, de par com o caráter humano-social das necessidades, o que, no dizer de Cabrero (1994:15), constitui a natureza mais profunda destas: a *universalidade*. Tal universalidade, porém, prossegue Cabrero, "não implica a generalização etnocentrista das necessidades do centro para as periferias, das sociedades industriais para as subdesenvolvidas, mas um debate que defina o conjunto das necessidades no âmbito de todos os mundos existentes", apontando para "um profundo sentido de redistribuição dos recursos no plano mundial".

Assim, rejeitando as convencionais e renitentes concepções *naturalistas*, *relativistas* e *culturalistas* das necessidades, Doyal e Gough sustentam que todos os seres humanos, em todos os tempos, em todos os lugares e em todas culturas, têm necessidades básicas *comuns*. Isso se contrapõe à concepção naturalista (dentre as quais as utilitaristas e a "Nova Direita"), porque, como ressalta Cabrero (1994:14), esta reduz as necessidades a preferências e desejos, regulados pelo mercado, sendo este último considerado superior em eficiência e moralidade a qualquer outro mecanismo social. Contrapõe-se também à visão *relativista* (assumida especialmente pelos historicistas, inclusive de esquerda), porque esta visão pontifica a impossibilidade de existir um conjunto de necessidades universais, para além das diferenças culturais (Cabrero, 1994:14), chocando-se com a seguinte convicção teórica de Doyal e Gough: "Embora a satisfação das necessidades humanas básicas possa variar, essas necessidades não são passíveis de variação". Baseados nessa convicção, afirmam que há um consenso moral, perfeitamente detectável em diferentes visões de mundo, de que o desenvolvimento de uma vida humana digna só ocorrerá se certas necessidades fundamentais (comuns a todos) foram atendidas. Finalmente, Doyal e Gough contrapõem-se aos *culturalistas*, em particular os fenomenólogos, porque, ao conceberem estes as necessidades como uma "construção social" (privilegiando, nessa construção, grupos concretos em lugar das sociedades), atêm-se a uma espécie de "microssociologia" das necessidades sociais.

A partir dessas rejeições Doyal e Gough procuram distinguir *necessidades básicas* de *necessidades não básicas* (ou intermediárias) e de *aspirações, preferências* ou *desejos* (*wants*).

A chave da distinção entre necessidades básicas e as demais categorias mencionadas repousa num dado fundamental que confere às necessidades básicas (e somente a elas) uma implicação particular: a ocorrência de *sérios prejuízos* à vida material dos homens e à atuação destes como *sujeitos* (informados e críticos), caso essas necessidades não sejam adequadamente satisfeitas.

Dada a sua importância teórica, a noção de "sérios prejuízos" precisa ser aqui qualificada, pois, como pedra de toque da caracterização de necessidades humanas básicas, esta noção também não se presta a tratamentos de caráter relativista. Assim, "sérios prejuízos" são impactos negativos cruciais que impedem ou põem em sério risco a possibilidade objetiva dos seres humanos de *viver* física e socialmente em condições de poder expressar a sua capacidade de participação ativa e crítica. São, portanto, danos cujos efeitos nocivos independem da vontade de quem os padece e do lugar ou da cultura em que se verificam. "Pensada nesses termos, a objetividade do prejuízo fica garantida por meio da sua irredutibilidade a sentimentos subjetivos contigentes, como a ansiedade ou a tristeza, porque pode-se experimentar ambos (...) e, não obstante, alcançar de maneira satisfatória propósitos que se têm como importantes". (Thompson, *apud* Doyal e Gough, 1991:50). "Assim, as necessidades humanas básicas estipulam o que as pessoas devem conseguir se querem evitar sérios e prolongados prejuízos" (1991:50), constituindo, a satisfação dessas necessidades, uma condição necessária à prevenção de tais prejuízos.

Dessa forma, "sérios prejuízos" diferem substancialmente dos efeitos variados e relativos produzidos pela falta de satisfação de preferências, aspirações, compulsões e desejos.

A não-satisfação de uma preferência, por exemplo, pode causar sofrimentos e criar eventualmente prejuízos materiais ou psicológicos. Mas isso não impedirá o agente da preferência não atendida de viver e participar como sujeito na sociedade. Ademais, tais sofrimentos afetam especificamente o portador da preferência, produzindo impactos diferenciados em cada indivíduo que a apresente, o que revela o seu caráter relativo e particularista.

Como ilustração, Doyal e Gough mencionam o *sexo* como o exemplo mais freqüentemente apontado pelo senso comum como necessidade básica. Entretanto, discordando desse entendimento, salientam que padrões específicos de atividades sexuais não podem ser universalizados, à semelhança das necessidades humanas básicas. Em verdade, o que é considerado prática sexual normal, comentam os autores, pode variar entre culturas e entre relações no interior de uma mesma cultura, sem contar o fato de que várias pessoas parecem administrar bem a sua existência — física e cívico-participativa — com pouca ou nenhuma atividade sexual.

Disso se conclui que as necessidades básicas são *objetivas*, porque a sua especificação teórica e empírica independe de preferências individuais. E são *universais*, porque a concepção de sérios prejuízos, decorrentes da sua não-satisfação adequada, é a mesma para todo indivíduo, em qualquer cultura.

Para os autores, portanto, só existem dois conjuntos de necessidades básicas *objetivas* e *universais* — que devem ser concomitantemente satisfeitos para que todos os seres humanos possam efetivamente se constituir como tais (diferentes dos animais) e realizar qualquer outro objetivo ou desejo socialmente valorado. São eles: *saúde física* e *autonomia*. Estas necessidades não são um fim em si mesmo, mas precondições para se alcançarem objetivos universais de participação social. São, também, conforme Cabrero, "direitos morais que se transformam em direitos sociais e civis mediante políticas sociais" (1994:15).

Como se pode depreender da citação de Cabrero, os dois princípios-chave que orientam a teoria das necessidades humanas básicas em foco são, na afirmação de Little (1998:95), a *participação* e a *libertação*, mesmo quando Doyal e Gough põem acento na *saúde física* como necessidade básica. Na verdade, eles consideram a satisfação desta necessidade como a condição mais obviamente básica para que seja possível haver *participação* com vista à libertação humana de quaisquer formas de opressão, incluindo a pobreza. Por isso, afirmam: "a menos que os indivíduos sejam capazes de participar em alguma forma de vida sem limitações arbitrárias e graves ao que se propõem alcançar, seu potencial de êxito público e privado não se desenvolverá, sejam quais forem os pormenores de suas escolhas reais" (1991:50).

Vê-se, pois, que a definição de "sérios prejuízos" denota, ao mesmo tempo, duplo dano: um, *físico*, ou privação fundamental, que impedirá as pessoas de usufruírem condições de vida favoráveis à sua participação social; e outro *cognitivo* ou *racional*, que, integrado ao dano anterior, impedirá as pessoas de possuírem autonomia básica para agir, de modo informado e discernido. Esta é uma equação que não pode ser desmembrada. Para que as necessidades básicas sejam satisfeitas, tanto a saúde física quanto a autonomia têm que ser atendidas.

Saúde física, portanto, é necessidade básica, porque sem a provisão devida para satisfazê-la os homens estarão impedidos inclusive de *viver*. Esta é basicamente uma necessidade natural que afeta a todos os seres vivos e que, em princípio, não diferencia os homens dos animais, embora, como já foi salientado, o modo de satisfazê-las requeira, no que se refere aos homens, provisões de conteúdo humano-social. Trata-se, portanto, de reconhecer que mesmo no plano das satisfações de necessidades físicas ou biológicas, a origem do homem, como salienta Marx, não está nem na natureza, concebida abstratamente, nem na totalidade da sociedade, concebida também de forma abstrata. Tal origem está visceralmente ligada à práxis humana, que só é humana na medida em que o trabalho (ou a atividade) realizado pelo homem difere da atividade de outras criaturas vivas. Ou "na medida em que o pior dos arquitetos humanos é superior à

70 NECESSIDADES HUMANAS: Subsídios à crítica dos mínimos sociais

melhor das abelhas, embora na construção do seu alvéolo a abelha envergonhe muitos arquitetos" (Marx, apud From, 1970:20).

Isso põe em relevo o imperativo de se considerar a intencionalidade da ação humana como parte integral e intrínseca da sua essência e, por conseguinte, como parte constitutiva do básico necessário à sua existência. Afinal, ponderam Doyal e Gough, os homens são algo mais do que os seus gens biologicamente condicionam; são algo além da dimensão biológica, o que justifica a indicação da *autonomia* como o outro componente constitutivo das suas necessidades básicas. Todavia, como *autonomia* é um conceito que tem se prestado a diferentes interpretações, é preciso também qualificá-lo no contexto desta discussão.

Por *autonomia* básica entendemos a capacidade do indivíduo de eleger objetivos e crenças, de valorá-los com discernimento e de pô-los em prática sem opressões. Isso se opõe à noção de auto-suficiência do indivíduo perante as instituições coletivas ou, como querem os liberais, a mera ausência de constrangimentos sobre preferências individuais, incluindo no rol desses constrangimentos os direitos sociais que visam protegê-lo. Inspiradas em Doyal e Gough, que, por sua vez, têm como referência reflexões recentes de outros autores, em particular de Plant[18], falamos de uma autonomia que não descambe para o individualismo e o subjetivismo e, portanto, se apóie em precondições societais que deverão estar presentes em todas as culturas. No horizonte dessa noção de autonomia está, em última instância, a defesa da democracia como o recurso capaz de livrar os indivíduos não só da opressão sobre as suas liberdades (de escolha e de ação), mas também da miséria e do desamparo. "Ser autônomo nesse sentido consiste em possuir capacidade de eleger opções informadas sobre o que se tem que fazer e de como levá-lo a

---

18. Plant é um dos autores mais representativos do pensamento socialista contemporâneo que defende a justiça social com base no conceito de cidadania. Em todo o seu trabalho teórico esta preocupação está presente, especialmente quando estabelece um diálogo crítico com as teses de Hayek sobre "a miragem da justiça social" e a negação dos direitos sociais.

cabo" (Doyal e Gough, 1991:53). Este é um atributo típico dos seres humanos que tem de ser valorizado. Portanto, ter autonomia não é só *ser livre para agir* como bem se entender, mas, acima de tudo, é *ser capaz de eleger objetivos e crenças, valorá-los* e sentir-se *responsável* por suas decisões e por seus *atos*. Por essa perspectiva, a autonomia tem o sentido, de acordo com Doyal e Gough, de *agência*, que, nas palavras dos autores, constitui a condição mais elementar ou "prévia para que o indivíduo possa considerar-se a si mesmo — ou ser considerado por qualquer outro — como capaz de fazer algo e de ser responsável pela sua ação" (1991:53). Trata-se, por conseguinte, do "repertório singular de atividades físicas e mentais — exitosas ou não — que compõem a história de como temos chegado a ser o que somos" (Doyal e Gough, 1991:53), o qual quedará prejudicado se houver um déficit em três atributos: *saúde mental, habilidade cognitiva* e *oportunidade de participação* (Gough, 1998:53).

O déficit de *saúde mental* é identificado com a inabilidade extrema e prolongada das pessoas de agirem de forma racional com os seus próprios pares, tendo, por isso, a sua confiança e a sua competência para participar seriamente prejudicadas.

A *habilidade cognitiva* para participar socialmente inclui a compreensão das pessoas acerca das regras de sua cultura e a sua capacidade de raciocinar sobre essas regras e interpretá-las. Isso requer tanto habilidades culturalmente específicas quanto universais.

Por fim, a *oportunidade* de participar implica que as pessoas tenham à sua disposição meios objetivos para exercerem papéis sociais significantes na sua vida social e na sua cultura.

Em outras palavras, para Doyal e Gough, três são as categorias-chave que afetam a autonomia individual na sua forma mais elementar (a de agência): "o grau de *compreensão* que uma pessoa tem de si mesma, de sua cultura e do que se espera dela como indivíduo dentro dessa cultura; a *capacidade psicológica* que a pessoa possui de formular opções para si mesma; e as *oportunidades objetivas* que lhe permitam atuar, como conseqüência" (1998:60). Na ausência de qualquer uma dessas categorias, ocorrerão sérias restrições à autonomia pessoal, as quais podem ser causadas por diferentes fatores, que vão desde regras culturais (exclusão de minorias de certos papéis), circunstâncias econômicas (desemprego ou pobreza), até sobrecargas de demandas conflitivas (dupla jornada de trabalho da mulher).

Sendo assim, a *autonomia* se contrapõe, claramente, à tendência liberal de, em nome da liberdade, transformar o indivíduo em uma mônada *isolada e calculista* na autosatisfação de suas preferências e desejos. Contrapõe-se, também, à concepção subjetiva de interesses e à soberania privada, que elevam o indivíduo à posição de único juiz do que melhor lhe convém e apóiam-se em uma noção de cidadania resgatada da tradição clássica (Pierson, 1991) que só admite como direitos os de liberdade negativa (ou imunidades contra a proteção social pública). Assim, contraditoriamente, a defesa liberal do *empowerment* individual e o apelo ao discurso atraente do "respeito" ao indivíduo como um agente dotado de capacidade para se autodeterminar e se autosustentar investem, implicitamente, contra a verdadeira autonomia, pois a submetem ao domínio implacável do egoísmo individual e da lógica do mercado.

Resulta claro, pois, que esta noção liberal de autonomia ou de liberdade é insustentável na prática, pois o indivíduo por si só jamais desenvolverá as suas potencialidades. A ação individual, dizem Doyal e Gough, é social, na medida em que é sempre aprendida com outros e é por estes reforçada. "As pessoas não se ensinam a si mesmas a atuar (...) É impossível que exista uma pessoa puramente privada." Mesmo Robinson Crusoé "já sabia ser tão laborioso (e racista!) porque já lhe haviam ensinado" (1991:60). É, portanto, na interação com cutras pessoas que o indivíduo aprende a viver em sociade, a obedecer regras como expressões da vontade coletiva e a manter e reforçar objetivos e crenças. Tais regras constituem o parâmetro tanto de seu senso de pertencimento, como pessoa e como cidadão, como do reconhecimento, de sua parte, dos direitos e deveres dos outros. Assim, a possibilidade

MÍNIMOS SOCIAIS: UM CONCEITO CONTROVERSO

de o indivíduo expressar a sua autonomia requer muito mais do que a *liberdade negativa* de ser deixado sozinho para cuidar de si próprio, e vai exigir experiências e responsabilidades compartilhadas, que se identificam com as liberdades positivas[19]. Isto está relacionado com o grau de compreensão do *eu* e da *cultura* que corresponde ao primeiro atributo da autonomia de agência antes indicado. Ademais, *as capacidades cognitiva e emocional* relacionadas ao segundo atributo (*capacidade psicológica, que requer racionalidade e responsabilidade*), são imprescindíveis à ação autônoma, porque, sem elas, os atores ficariam impossibilitados de:

a. possuir capacidade intelectual de formular objetivos e crenças comuns;

b. possuir suficiente confiança para desejar atuar e participar;

c. formular desejos e crenças consistentes.

Se acrescentarmos a isso a gama de oportunidades de ações novas e significativas (relacionada ao terceiro atributo), que a melhoria da autonomia pode oferecer aos atores, estaremos atendendo satisfatoriamente às necessidades humanas básicas, embora a autonomia possa alcançar crescentes níveis superiores (Doyal e Gough, 1991:60-69) e deva ser otimizada.

Um exemplo apresentado por Doyal e Gough para ilustrar o tipo de autonomia de agência a que se referem é o do jogo de xadrez, com o seu conjunto de regras consentidas. Para jogar xadrez, as pessoas têm que seguir regras legitimadas, sem perder, por isso, a sua autonomia, que é assegurada pelo fato de haver diferentes caminhos, estratégias e cálculos que cada jogador pode escolher. Mas é bom não esquecer que a percepção que cada jogador tem de sua própria qualidade e habilidade para jogar vai depender das qualidades e habilidades do parceiro com o qual interage.

---

19. Ao contrário das chamadas liberdades negativas, que se identificam com a ausência de coações ou tutela externas sobre os indivíduos, as liberdades ditas positivas requerem a remoção, inclusive por agentes externos, de obstáculos (materiais e sociais) ao exercício da própria liberdade.

74 NECESSIDADES HUMANAS: Subsídios à crítica dos mínimos sociais

Isso supõe uma concepção de autonomia básica ou de agência que renega o "individualismo possessivo", tão bem criticado por MacPherson (1979), e vai requerer formas de participação social — guiadas por uma direção de cunho coletivo — da qual depende o desenvolvimento da capacidade cognitiva, ativa e emocional do ser humano. Vai requerer também acesso a níveis superiores de saúde física e de autonomia, o que implicará, de um lado, maior esperança e qualidade de vida e, de outro, *autonomia crítica*.

A *autonomia crítica* é um estágio mais avançado de autonomia, que deve estar ao alcance de todos. Revela-se como a capacidade das pessoas de não apenas saber eleger e avaliar informações com vista à ação, mas de criticar e, se necessário, mudar as regras e práticas da cultura a que pertencem. Isso requer mais amplas habilidades cognitivas e oportunidades sociais do que a *autonomia de agência*.

É por essa razão que *saúde física e autonomia* devem sempre ser realizadas em um contexto coletivo, envolvendo os poderes públicos, de par com a participação da sociedade. E devem ser o alvo primordial das políticas públicas, tendo em vista a concretização e a garantia do direito fundamental de *todos*, indistintamente, de terem as suas necessidades básicas atendidas e otimizadas.

Contudo, a probabilidade empírica de que essa otimização ocorra dependerá, decisivamente, do enfrentamento efetivo das necessidades básicas (saúde física e autonomia), o que, por sua vez exigirá certas precondições societais vinculadas às seguintes dimensões da vida humana:

a. *produção:* toda sociedade deve produzir suficientes recursos para assegurar a todos os seus membros níveis básicos de saúde física e autonomia;

b. *reprodução:* toda sociedade deve assegurar um adequado nível de reprodução biológica e de socialização das crianças;

c. *transmissão cultural:* toda sociedade deve assegurar à população a transmissão de conhecimentos e valores necessários à produção e à reprodução social;

MÍNIMOS SOCIAIS: UM CONCEITO CONTROVERSO

d. *sistema de autoridade:* algum tipo de sistema de autoridade deve ser instituído e legitimado pela sociedade para garantir adesão e respeito às regras que institucionalizam direitos e deveres.

Mas, uma vez identificadas as necessidades humanas básicas, cumpre identificar as mediações para a sua satisfação.

4.2. IDENTIFICAÇÃO DE "SATISFADORES" (*SATISFIERS*) UNIVERSAIS DE NECESSIDADES HUMANAS BÁSICAS

As necessidades humanas básicas, apesar de serem comuns a todos, não implicam uniformidade na sua satisfação. Segundo Doyal e Gough (1991), há uma variedade enorme de *satisfiers* ("satisfadores") — bens, serviços, atividades, relações, medidas, políticas — que, em maior ou menor extensão, podem ser empregados para atender a essas necessidades. Por exemplo: "as necessidades de alimentação e alojamento são próprias de todos os povos, porém há uma diversidade quase infinita de métodos de cozinhar e de tipos de habitação que são capazes de satisfazer qualquer definição específica de nutrição e abrigo contra as intempéries" (1991:155).

Cônscios dessa realidade, e tendo em vista o reforçamento e a otimização da atenção às necessidades humanas básicas, Doyal e Gough identificam as características de *satisfiers* que, em qualquer parte, podem contribuir para a melhoria da saúde física e da autonomia dos seres humanos, sejam eles quem forem[20]. Essas características eles chamam de "satisfadores universais" ou "necessidades intermediárias" (já que o termo *satisfiers* possui uma conotação obscura), os quais são essenciais à proteção da saúde física e da autonomia e à capacitação dos seres humanos para participar o máximo possível das suas formas de vida e culturas.

---

20. Para evitar o caráter *ad hoc* que geralmente define a construção de listas, os autores pautam-se pelas seguintes diretivas na sua especificação de necessidades intermediárias ou de *satisfiers*: "Quais necessidades intermediárias são mais importantes; por que são mais importantes; e por que são as mesmas para todas as culturas" (1991:157).

Mas esses "satisfadores universais" — que, como será visto mais adiante, são em número de onze — são insuficientes quando defrontados com necessidades locais, de pequenas comunidades ou de grupos. Nesse caso, há que, secundariamente, se identificarem "satisfadores específicos", os quais poderão melhorar as condições de vida e de cidadania das pessoas em situações sociais particulares, incluindo-se aqui as minorias sociais.

Estas necessidades intermediárias, que geralmente são acompanhadas de indicadores sociais definidos negativamente (percentagem de *falta* de água potável; percentagem de habitações *inadequadas* etc.), foram agrupadas em onze categorias; nove delas aplicam-se indistintamente a todas as pessoas, enquanto duas referem-se, respectivamente, a necessidades específicas de crianças e de mulheres, como segue:

a. alimentação nutritiva e água potável;

b. habitação adequada;

c. ambiente de trabalho desprovido de riscos;

d. ambiente físico saudável;

e. cuidados de saúde apropriados;

f. proteção à infância;

g. relações primárias significativas;

h. segurança física;

i. segurança econômica;

j. educação apropriada;

l. segurança no planejamento familiar, na gestação e no parto.

No que diz respeito à *alimentação nutritiva e à água potável*, Doyal e Gough tomam como referência o cálculo elaborado pelo Órgão das Nações Unidas para Alimentação e Agricultura (FAO) sobre a quantidade diária de calorias de que um indivíduo necessita para sobreviver. Entretanto, extrapolando os patamares mínimos de sobrevivência, consideram, ainda baseados na FAO, que a necessidade energética de uma pessoa moderadamente ativa é de 3.000 calorias diá-

MÍNIMOS SOCIAIS: UM CONCEITO CONTROVERSO

rias para o homem e 2.000 para a mulher. Segundo os autores, estas são as estimativas mais confiáveis de consumo de calorias caso se queira evitar doenças relacionadas à desnutrição. Mas, além disso, são necessárias quantidades específicas de outros nutrientes, como proteínas, vitaminas e iodo. Abaixo desse nível, o indivíduo poderá sobreviver — como milhares de pessoas pelo mundo afora têm sobrevivido —, mas quedará em um estado de atonia e debilidade gerador de uma espiral de privação e de incapacidades crescentes. O mesmo pode ser dito do consumo diário *per capita* de água potável em quantidades suficientes, sem ainda esquecer que "muitas enfermidades infecciosas são, especificamente, transmitidas pela ingestão de água insalubre e propagadas por falta de tratamento desta" (1991:194-195).

A *habitação* adequada é outra necessidade intermediária a ser satisfeita com vista ao atendimento satisfatório das necessidades humanas básicas. Contudo, as relatividades culturais nesta área são maiores do que as referentes à alimentação. Circunstâncias climáticas, econômicas, técnicas e sociais respondem por essas relatividades. Mas, a despeito disso, Doyal e Gough destacam três características de *satisfiers* que, se não forem atendidas, causarão sérios danos à saúde física e mental dos indivíduos, em todos os contextos socioculturais, a saber: a) garantia de abrigo suficiente em climas adversos e proteção razoável contra intempéries, riscos de epidemias e vetores patogênicos. Isso inclui casas adequadas, água corrente, sistema sanitário básico e, em regiões sujeitas ao frio, calefação; b) existência de saneamento para evitar a contaminação bacteriana da água e das redes de distribuição, pois a falta de saneamento constitui uma das principais causas de doenças parasitárias que debilitam o ser humano; c) ausência de superlotação residencial, pois, em caso contrário, há prejuízos sensíveis à saúde física e mental dos moradores, com reflexo negativo na sua autonomia individual, devido a ocorrência de doenças respiratórias, atraso no desenvolvimento físico e intelectual das crianças e sensação de fadiga e depressão nos adultos (1991:196-197).

O *ambiente de trabalho* é outro espaço que compõe o *habitat* do indivíduo e que, com maior freqüência, afeta a sua saúde. Três tipos de riscos graves à saúde do trabalhador podem derivar das suas condições de trabalho: a) jornada prolongada; b) ambiente inseguro, oferecendo risco de acidentes e doenças do trabalho; c) formas de trabalho suscetíveis de limitar a autonomia do trabalhador, dando lugar a depressão, ansiedade e falta de autoestima. Este é um aspecto que deverá ser considerado quando se eleger indistintamente o trabalho como um fator de auto-sustentação e de *empowerment* individual e, inclusive, como um contraponto sempre positivo à assistência social pública.

O *ambiente físico saudável* e livre de riscos inclui situações que exigem meio ecológico sadio, disponibilidade de água não contaminada, alimentos, serviços sanitários, habitação e emprego satisfatórios (1991:200). Trata-se, portanto, de evitar ou de enfrentar problemas ecológicos cuja periculosidade varia entre os países — sendo particularmente desastrosos no âmbito da pobreza —, mas cujos critérios de avaliação são os mesmos em todos os contextos.

Os *cuidados de saúde* poderão ser reduzidos se as necessidades intermediárias anteriores forem adequadamente satisfeitas. Mas, mesmo assim, essa atenção é imprescindível como um contributo adicional ao gozo da saúde física e mental (1991:202). Não cabem dúvidas, dizem os autores, de que "o acesso a serviços médicos efetivos, que utilizem as melhores técnicas, constitui uma necessidade intermediária" (1991:202); portanto, a estipulação da importância dessa necessidade requer, do ponto de vista desses autores, a defesa de uma postura moral em favor do tratamento terapêutico, apesar de eles estarem cônscios do papel fundamental da atenção primária para a diminuição da mortalidade. É que, salientam, "a cura e um tratamento efetivo permanecem como aspectos essenciais dentro de qualquer sistema de atenção médica" (1991:203). Sendo assim, os cuidados essenciais no campo da saúde não se restringem à atenção primária, "concebida para identificar e tratar a enfermidade em um primeiro momento" (1991:203). E isso implica colocar a serviço de to-

MÍNIMOS SOCIAIS: UM CONCEITO CONTROVERSO 79

dos, inclusive dos pobres, a alta tecnologia e recursos de última geração existentes no campo da medicina curativa.

A *proteção à infância* apóia-se no reconhecimento da importância de uma infância segura para o desenvolvimento da autonomia e da personalidade do indivíduo. Todos reconhecem essa importância, apesar das variações culturais na forma de criar e educar crianças. Baseados num estudo da Organização Mundial de Saúde (OMS), Doyal e Gough indicam quatro necessidades psicossociais da fase infantil, presentes em todas as culturas: a) necessidade de carinho e segurança, que requer relações estáveis, contínuas e seguras com os pais ou responsáveis, a partir do nascimento; b) necessidade de novas experiências, que fomentem o desenvolvimento cognitivo, social e emocional. "O jogo é um meio fundamental [dizem eles] através do qual as crianças exercem esta espécie de primeira exploração e conhecimento" (1991:206); c) "necessidade de reconhecimento e apreciação e de uma atenção positiva dentro do marco de normas claras e justas" (1991:206); d) necessidade de estender, paulatinamente, responsabilidades, começando com rotinas pessoais até alcançar tarefas mais complexas.

É com base nessas necessidades que os autores entendem que há idéias e normas sobre uma conduta universalmente aceitável de proteção à criança, apesar de o conceito de "bom pai" e de "boa mãe" variar culturalmente, assim como as definições de abuso e negligência na educação infantil.

As *relações primárias significativas* constituem "uma rede de apoios individuais que podem oferecer um ambiente educativo e emocionalmente seguro" (1991:207). Nesta rede, distinguem-se: grupos de apoio primário; relações mais próximas e confidenciais. Trata-se, na expressão de Narroll (*apud* Doyal e Gough, 1991:207), de "redes morais" que servem de referência normativa, pois apoios morais debilitados contribuem para limitar a autonomia individual. E isso é assim porque, ainda que a debilitação dos apoios morais possa produzir reações diferenciadas, não cabem dúvidas de que ela afeta o amor-próprio das pessoas (como nos casos de isolamento e abandono) e alimenta uma "espiral de incapacidades e de autonomias decrescentes" (1991:208). De acordo com estudos realizados em países do chamado Primeiro Mundo, a relação *estreita* e *confidencial* entre amigos, parentes, companheiros, etc. afigura-se muito valiosa e, por isso, constitui um *satisfier* universal de grande importância. É que as pessoas precisam de algo mais do que um entorno social de apoio geral para manter a sua autonomia (Kuhn, *apud* Doyal e Gough, 1991:209), embora esse tipo de interação ainda seja difícil de ser medido (alguns indicadores só estão disponíveis em países desenvolvidos) e não deva substituir as responsabilidades públicas no âmbito das políticas sociais.

A *segurança econômica* é uma necessidade intermediária que deve ser satisfeita para garantir a manutenção e o desenvolvimento da autonomia individual, pois tem como pressuposto duas possibilidades: o indivíduo poder planejar e ver realizado um futuro concreto; ou o indivíduo poder fazer isso tendo como referência uma série de normas, recompensas e relações humanas previsíveis e duradouras. Na falta dessas possibilidades, haverá perda de controle externo e sentimento de desorientação e instabilidade, que poderá redundar em doenças mentais e até mesmo em morte. Doyal e Gough definem a *insegurança econômica* como "o risco objetivo de um declive inaceitável no nível de vida de uma pessoa, no qual o 'inaceitável' refere-se à ameaça à sua capacidade de participação" (1991:211). Portanto, medidas protetoras sob a forma de renda contra contingências sociais, como velhice, enfermidade, incapacidade, desemprego, devem ser previstas como "condição necessária para que os indivíduos possam participar socialmente e questionar os valores dessa sociedade" (1991:211).

A *segurança física* refere-se, preponderantemente, à defesa contra ameaças arbitrárias, provenientes tanto da sociedade quanto do Estado. Esta é uma necessidade intermediária de difícil medição devido aos distintos valores morais presentes no fenômeno, pois o que para uns é crime para outros pode ser protesto ou forma exaltada de exercitar a autonomia. A própria violência praticada pelo Estado contra cidadãos é muitas vezes considerada legítima. Diante dessas difi-

MÍNIMOS SOCIAIS: UM CONCEITO CONTROVERSO

culdades, os autores vislumbram duas saídas, no caso da violência praticada pela sociedade contra o indivíduo: a) "podem-se utilizar as estatísticas sobre homicídios como medidas gerais das ameaças à segurança física que surgem por parte de outros cidadãos, já que o homicídio tem um significado comparável em todos os países; b) estes dados devem ser complementados com estudos sobre as vítimas realizados em vários países" (1991:213). Estas saídas, apesar de não estarem livres de problemas, fornecem informações comparáveis e objetivas sobre vários aspectos importantes da segurança física em relação à sociedade. Quanto à violência praticada pelo Estado contra os cidadãos, algumas fontes de consulta podem ser utilizadas, como a Anistia Internacional, que cataloga anualmente milhares de casos. Assim, se é impossível quantificar com exatidão o número de pessoas lesadas na sua integridade física pelo Estado, é possível, dizem os autores, "vislumbrar claramente o tipo de indicadores que definiriam este fenômeno" (1991:214). Da mesma forma, o número de mortos nas guerras, disponível nas Nações Unidas, indica uma violência do Estado que, embora seja de difícil valoração do ponto de vista da sua legitimidade, deve ser levada em conta entre os indicadores válidos de segurança física.

A *educação* apropriada assume um papel fundamental para o fortalecimento e a expansão da autonomia. Mas, como dizem Doyal e Gough, "há vários problemas metodológicos e conceituais na avaliação da educação dentro de um contexto transcultural" (1991:214). Rejeitando enfoques que destacam ora o Estado, ora a cultura popular, como fontes privilegiadas de educação, os autores acatam a postura de Gramsci, que valoriza tanto o conhecimento do "agente educador" como os conhecimentos cotidianos populares. Feita esta opção, o acesso à educação formal constituirá "um requisito universal prévio ao fortalecimento da autonomia individual" (1991:215).

O conteúdo do ensino formal e a forma de transmitir esse conteúdo supõem matérias e procedimentos-chave afins às diferentes culturas, como o ensino da matemática básica, a formação social geral, os processos biológicos e físicos, etc., voltados para a capacitação intelectual, profissional e, em condições ideais, para a participação social dos indivíduos. O acesso aos recursos do ensino, que contribuem para esse resultado, bem como a capacitação do professorado, também pode ser avaliado a partir dos dados sobre a experiência educativa formal da população, obtidos em várias fontes disponíveis. Mas só esses dados quantitativos não são suficientes. Para se aferir a contribuição da educação para a autonomia crítica, além da autonomia de agência, há que se avaliar o conhecimento que os cidadãos possuem a respeito de outras culturas. Esse conhecimento é indispensável para que a pessoa possa fazer opções comparadas e escapar de limitações da consciência e da imaginação, muitas vezes impingidas pelos próprios educadores. Por isso, um *curriculum* orientado para a negação da tirania deve incluir o ensino de distintas tradições culturais, que deverão ser debatidas de forma aberta (1991:216). Disso decorre o entendimento de que a educação favorecedora da autonomia individual não se resume à alfabetização e ao ensino fundamental.

No que tange à segurança no *planejamento familiar*, *gravidez* e *parto*, tem-se que destacar que esta é uma necessidade intermediária que afeta diretamente as mulheres. Por isso, na opinião de Doyal e Gough, ela tem um caráter universal/parcial, pois não abarca diretamente a todos os seres humanos. Sua inclusão no rol dos *satisfiers* ligados às necessidades humanas básicas justifica-se, contudo, pelo fato de que "ter filhos" constitui para as mulheres — ao lado do seu possível aspecto prazeroso — ameaça concreta ao seu bem-estar físico e à sua autonomia.

Do ponto de vista da saúde física, "uma proporção muito significativa de enfermidades sofridas pelas mulheres surgem do sistema de reprodução feminino, dos perigos relacionados com o parto e com o nível de responsabilidade que se exige das mães sobre os cuidados dos filhos" (1991:217). Nos países do Terceiro Mundo, estas ameaças, associadas à pobreza, têm produzido a chamada "síndrome do esgotamento materno", em que mãe e filho tornam-se muito mais vulneráveis às doenças (1991).

No tocante à autonomia, tanto a gravidez como o parto podem ameaçar a capacidade de controle das mulheres sobre si mesmas e sobre o seu entorno. Para garantir essa capacidade de controle as mulheres devem contar com programas educativos, provisão direta de anticonceptivos, tratamento da esterilidade e da subfecundidade. Enfim, elas devem ter autonomia para controlar a sua vida reprodutiva e usar o planejamento familiar como um meio de enriquecimento de sua existência e de suas formas de participação social. Isso certamente irá repercutir favoravelmente sobre os filhos, a família e a sociedade.

Em termos simples, a estrutura básica da teoria das necessidades de Doyal e Gough, com as suas distinções/associações-chave entre necessidades (básicas e intermediárias) e indicações de *satisfiers* otimizadores, com vista ao alcance do objetivo universal da participação e da libertação humanas, pode ser sintetizada como veremos a seguir.

As *necessidades humanas básicas* como categorias objetivas e universais, que devem se satisfeitas concomitantemente, são: *saúde física* e *autonomia*.

Nenhuma das duas categorias constitui um fim em si mesmo; ambas são *condições prévias* ou *precondições*, cuja satisfação adequada poderá impedir a ocorrência de sérios e prolongados prejuízos à participação social e à libertação do ser humano de qualquer forma de opressão. O objetivo último, portanto, da satisfação concomitante dessas duas necessidades básicas é contribuir para a *participação* das pessoas tanto nas formas de vida e cultura das quais fazem parte (*autonomia de agência*) quanto nos processos de avaliação e crítica dessa cultura, com o propósito de melhorá-la ou modificá-la (*autonomia crítica*).

É por isso que *saúde física* e *autonomia* não se restringem a si mesmas, nem tampouco se identificam com *mínimos* de carecimentos que justificariam, por sua vez, atendimentos mínimos.

Saúde física, ademais, não tem a conotação de mera sobrevivência, assim como a *autonomia* não significa, apenas,

84 NECESSIDADES HUMANAS: Subsídios à crítica dos mínimos sociais

liberdade negativa. Um indivíduo que sobrevive a um acidente grave, por exemplo, mas perde a capacidade mental de discernir e de participar como sujeito ativo e crítico, não tem as suas necessidades básicas satisfeitas. Da mesma forma, um indivíduo deixado livre para se auto-sustentar e gerir a sua própria existência, sem ter as condições básicas suficientes para assim proceder, ver-se-á objetivamente incapacitado de satisfazer as suas necessidades básicas, já que não poderá formular objetivos e estratégias nem pô-los em prática nas atividades que empreende. Isso requer saúde física, que, nos termos da teoria de Doyal e Gough, implica redução ao mínimo possível de *descapacitações,* ou seja, de incapacidades físicas e mentais, enfermidades e mortes prematuras. É por isso que a saúde física é a mais óbvia e primária das necessidades humanas, tendo como indicadores básicos as taxas de mortalidade e a esperança de vida. A perda, portanto, de saúde física produz *descapacitações* que irão concorrer, fundamentalmente, para o surgimento de outras *descapacitações* no plano da autonomia, seja como liberdade de agência, seja como o grau superior de autonomia crítica que conduz à participação democrática no processo político em qualquer nível (Doyal e Gough, 1991).

Todavia, embora as necessidades básicas sejam universais, os seus *satisfiers* (bens, serviços, atividades, relações) nem sempre o são. Há uma rica diversidade de formas de satisfação dessas necessidades e grande quantidade de *satisfiers* a ser empregada.

Com o objetivo de delimitar as características de *satisfiers* de escopo universal, os autores arrolam, sem sentido hierárquico, onze *necessidades intermediárias,* cujo atendimento individual criará uma cadeia de complementaridade que otimizará a satisfação das necessidades básicas em prol do alcance do objetivo último de participação e libertação humanas. O *nível ótimo de saúde* supõe, de acordo com o código genético da pessoa, graus o mais elevados possível de esperança de vida e maiores reduções possíveis de *descapacitações* por enfermidades. O *nível ótimo de autonomia* pode ser especificado de duas maneiras: o *ótimo inferior,* que supõe a minimização das limitações sociais à participação da pessoa em atividades significativas, de par com a possibilidade de acesso a uma compreensão cognitiva tão ampla quanto possível à sua satisfatória ação sobre formas eleitas de vida; e o *ótimo superior*, que supõe o acesso da pessoa ao conhecimento de outras culturas, de par com a capacidade crítica e liberdade política para avaliar a sua forma de vida e lutar para modificá-la, se assim decidir.

Visando oferecer uma visão simplificada da teoria de Doyal e Gough (1991), apresentamos no Anexo nº 2 o esquema dessa teoria elaborado pelos próprios autores.

Como adendo, convém recordar que, dentre as onze necessidades intermediárias, duas são específicas: as que se referem especificamente às crianças e às mulheres. Neste último caso a teoria trata de privilegiar diferenças biológicas significativas entre homem e mulher, com base na seguinte convicção: a satisfação dessa necessidade intermediária é "essencial para a saúde e a autonomia de metade da espécie humana. A mulher há de ter possibilidade [dizem os autores] de controlar a sua vida reprodutiva a fim de que possa gozar das mesmas oportunidades de participação na sociedade que o homem" (1991:158).

Ademais, é válido esclarecer que os autores não descartam do âmbito das necessidades humanas básicas problemas vivenciados por grupos específicos ou minorias sociais (mulheres, idosos, pessoas portadoras de deficiências, estratos sociais submetidos à opressão racial, sexual, de origem social etc.), por reconhecerem que estas necessidades constituem realidades concretas que justificam — diríamos, recorrendo a Bobbio (1992) — o processo de multiplicação e diferenciação dos direitos sociais. Estes grupos, afirmam eles, estão, na verdade, sujeitos a um *adicional* de ameaças e riscos que tornam mais sofrida sua existência física e autônoma, requerendo também por isso um *adicional específico* de *satisfiers*. Porém, disso não se segue — como concluem alguns *approaches* relativistas — que as necessidades básicas desses grupos sejam diferentes das necessidades básicas dos demais segmentos. Necessidades básicas, voltamos a insistir,

86 NECESSIDADES HUMANAS: Subsídios à crítica dos mínimos sociais

bem como as *condições* para satisfazê-las, são as mesmas para todos (pessoas e grupos, oprimidos ou não). O que é relativo é o seu atendimento. Esse modo de pensar as necessidades de grupos específicos ou das minorias tem, conforme Doyal e Gough, uma importante função política. Primeiro, porque estabelece um elo entre grupos oprimidos, não os isolando entre si nem — acrescentamos — da classe social a que pertencem; segundo, porque pode propiciar trocas entre estes diferentes grupos ou frações de classe oprimidos (entendimentos, simpatias, solidariedades, por exemplo); terceiro, porque torna possível unir esforços diferenciados para a obtenção de um objetivo comum: a melhoria da satisfação de necessidades básicas visando à criação de condições de participação e de libertação humana de todas as formas de opressão.

Vejamos a seguir, a título de ilustração, as principais posições teóricas referentes à questão da otimização da satisfação das necessidades humanas básicas, a qual tem se revelado mais polêmica do que a questão da satisfação básica dessas necessidades.

CAPÍTULO V

Controvérsias em torno da satisfação otimizada de necessidades humanas básicas

5.1. PRINCIPAIS TENSÕES TEÓRICAS E IDEOLÓGICAS: AS ÓTICAS DE HAYEK, RAWLS E HABERMAS

Vimos que não há vida saudável e autônoma se os indivíduos não forem atendidos nas suas necessidades básicas. Vimos também que, sem esse atendimento, os indivíduos não terão condições físicas, cognitivas e emocionais para se desenvolver e lutar pela sua libertação de todas as formas de opressão. O desenvolvimento humano, portanto, pressupõe a satisfação básica de necessidades, sem, contudo, limitar-se a esse patamar de atendimento. Há que se perseguir a otimização da satisfação dessas necessidades como um compromisso ético, político e cívico assente nos valores mutuamente implicados de liberdade e igualdade.

Mas é em relação à otimização das necessidades básicas que impera maior polêmica teórica e política, pois, contra essa otimização, perfilam-se interesses contrários poderosos brandindo os mais veementes argumentos. Assim, se em relação às tentativas de identificação das necessidades básicas (geralmente confundidas com necessidades mínimas) não há grandes contestações intelectuais e políticas, o mesmo não

NECESSIDADES HUMANAS: Subsídios à crítica dos mínimos sociais

pode ser dito da proposta de otimização da satisfação dessas necessidades. Como dizem Doyal e Gough, do ponto de vista ético, ninguém, em sã consciência, mesmo o mais ferrenho relativista, questionará a universalidade de certas quantidades de água, oxigênio, calor, etc., para preservar a vida humana. Tampouco questionará a importância da aprendizagem e do apoio emocional à infância. Mas, diante da possibilidade de elevação do patamar básico de satisfação de necessidades humanas (mesmo que equiparado ao patamar mínimo), o questionamento aparecerá.

A história da proteção social pública está repleta de casos que espelham essa tensão teórica e política, como pode ser inferido do posicionamento e das teses de autores influentes.

A ÓTICA DE HAYEK

Vimos que Hayek — considerado o pai do neoliberalismo — não se importava em que houvesse a provisão pública de um mínimo social, desde que esta não ultrapassasse o limiar da sobrevivência física, fosse altamente seletiva ou focalizada nas pessoas incapacitadas para o trabalho e não se configurasse como direito do cidadão e dever do Estado, nos moldes propugnados pelo *Welfare State*. No cerne desse posicionamento, denominado por Salama e Valier (1997) de *liberalismo radical*, está a recusa de toda e qualquer idéia de contrato social, de intervenção estatal na ordem espontânea do mercado e, inclusive, de democracia, embora Hayek, paradoxalmente, se considerasse um democrata.

Com efeito, apesar de Hayek prever, tal como os neoclássicos, a provisão de um mínimo de renda de sobrevivência, como um dever moral, aos indivíduos que não pudessem acessar o mercado, ele não visava ao bem-estar institucionalizado nem ao desenvolvimento de políticas de proteção social. Visava, sim, à limitação do controle político sobre o mercado. Assim, entre o respeito aos princípios do liberalismo econômico, que conferem ao mercado papel determinante na formação e funcionamento da sociedade, e os princípios

MÍNIMOS SOCIAIS: UM CONCEITO CONTROVERSO

da democracia, que, de par com a liberdade individual, prevêem a igualdade social (1997:91), Hayek ficava com os primeiros. Por isso, fez, em 1981, a seguinte declaração a um jornalista chileno, a respeito da ditadura do general Pinochet: "Um ditador pode governar de maneira liberal, bem como é possível que uma democracia governe sem o menor liberalismo. Minha preferência pessoal vai para uma ditadura liberal e não para um governo democrático onde não haja qualquer liberalismo" (Longuet, *apud* Salama e Valier, 1997:132-133).

Essa preferência hayekiana apóia-se, sem dúvida, na tese por ele sustentada de que apenas um governo minimalista poderia ser um governo decente, porque só assim inexistiriam regras gerais disciplinando a vida econômica e social de indivíduos particulares. E associada a essa tese está a convicção liberal radical, ressaltada por Pierson (1991), de que a concepção de justiça social garantida institucionalmente é, no melhor dos casos, um "nonsense" e, no pior, perniciosa e injusta, pois minaria a justiça produzida pelo mercado — em que, no fundo, todos ganham —, gerando as seguintes conseqüências: confisco da riqueza dos mais bem-sucedidos; prolongamento da dependência dos necessitados à proteção pública; reforço aos poderes especiais de grupos de interesse organizados ou de pressão.

Na lógica de Hayek, portanto, a democracia deveria ser limitada, o que contra-indica qualquer pretensão de ampliá-la para além dos limites liberais da liberdade negativa da ordem *catalítica* do mercado, isto é, da ordem gerada pelo ajuste mútuo de numerosas economias individuais sobre o mercado.

A ÓTICA DE RAWLS

Diferindo de Hayek, especialmente no que diz respeito à otimização da satisfação de necessidades básicas, encontra-se o *liberalismo social* de John Rawls, contido em sua aclamada obra *Uma teoria da justiça* (1997), mas, ainda assim, privilegiadora do mercado.

Em linhas gerais, o objetivo de Rawls é, com base em Kant, construir um sistema de normas puras e universais de justiça material, concebidas como imperativos categóricos (Salama e Valier, 1997:133). Na construção desse sistema ele destaca o conceito de liberdade individual ou negativa[21] — onde está incluída a propriedade privada —, mas não se resume a ele. A esse conceito associa a *moralidade social* como condição para que as ações individuais se realizem de modo ético.

O ponto de partida de sua análise é uma situação hipotética, que ele chama de *posição original*[22], em que os diversos indivíduos que estabelecem um contrato social estão recobertos por um véu de ignorância, desconhecendo sua condição social e os lugares distintos que ocupam na sociedade. Mas essa ignorância não é total. As pessoas na "posição original" têm idéias gerais e básicas sobre a sociedade e, por isso, podem, racionalmente, aderir a um conceito de justiça como norma universal, em benefício de todos e de cada um.

Esse conceito de justiça é composto por dois princípios, que devem permitir a determinação de um resultado equânime. São eles:

a. *princípio da liberdade*, de acordo com o qual "toda pessoa deve dispor de um direito igual ao mais amplo sistema de liberdades básicas iguais para todos que seja compatível com o mesmo sistema para os demais" (Rawls, 1997:91). Essas liberdades individuais, consideradas básicas, são identificadas por Rawls (tal como por Marshall, 1967)[23] com os valores políticos e jurídicos das democracias dos países capitalistas, como:

---

21. Para Kant, a liberdade negativa como restrição de determinada lei que garante liberdade igual a todos é o conteúdo básico dos direitos naturais (Lima, 1993).

22. Rawls define a posição original como o *status quo* inicial adequado que garante a eqüidade dos acordos fundamentais que poderiam aí ser concluídos.

23. Já no final dos anos 40, o sociólogo inglês T. H. Marshall destacou em sua teoria tridimensionada da cidadania os *direitos individuais* (civis e políticos) como vinculados à *liberdade negativa*. Mas, como um contraponto a esses direitos, embora a eles articulado, incluiu também no compósito da cidadania os *direitos sociais* vinculados à *igualdade* e ao *Welfare State*.

liberdade política (direito de votar e de ser elegível para cargos públicos); liberdade de expressão e de reunião; liberdade de consciência e de pensamento; liberdade de possuir propriedade; e liberdade em relação à captura e prisão arbitrárias;

b. *princípio da eqüidade* ou de justiça, que, por sua vez, conteria mais outros dois princípios — o da *diferença* e o da *igualdade* —, assim enunciados: "As desigualdades sociais e econômicas devem ser organizadas de modo que, ao mesmo tempo (1) tragam as melhores perspectivas para os mais desfavorecidos (*princípio da diferença*) e (2) que sejam ligadas a funções e posições acessíveis a todos, conforme a justa igualdade das oportunidades" (*princípio da igualdade*) (1997:115).

É o *princípio da diferença* que tem servido de referência privilegiada aos estudos contemporâneos sobre justiça social, porque, na distribuição de bens e serviços, é ele quem prevê a maximização da parte que cabe aos desfavorecidos em relação aos favorecidos. Ou, em outros termos, é ele quem recomenda dar mais a quem mais precisa. Nesse sentido, as desigualdades apenas serão toleradas se for para beneficiar os menos favorecidos por meio da provisão de bens e serviços necessários à otimização da satisfação das suas necessidades básicas, que ele chama de "bens primeiros"[24]. Nisso, ele se opõe aos utilitaristas[25] e reconhece direitos humanos

---

24. As necessidades básicas, para Rawls, guardam correspondência com o que ele chama de "bens primeiros", a saber: direitos e liberdades; oportunidades e poderes; renda e riqueza. Na provisão desses bens primeiros os indivíduos devem contar com as liberdades, bens e serviços necessários.

25. O utilitarismo é a doutrina que está na base da *Economia de Bem-Estar* e do ótimo de Pareto mencionados no Capítulo I deste livro. Tal doutrina, segundo Van Parijs (1997:30), pode ser reduzida a um princípio muito simples: "Quando agimos, é preciso que façamos abstração de nossos interesses e de nossas tendências, de nossos preconceitos e dos tabus herdados da tradição, assim como de todo pretenso 'direito natural', e que nos preocupemos exclusivamente em perseguir (...) 'a maior felicidade do maior número de pessoas'. Mais precisamente, trata-se de maximizar o *bem-estar coletivo*, definido como a soma do bem-estar (ou da utilidade) dos indivíduos que compõem a coletividade considerada". Dentre os expoentes do utilitarismo clássico destacam-se Jeremy Bentham e Stuart Mill.

imprescritíveis ao admitir a ação preventiva e distributiva do Estado para corrigir disfunções sociais produzidas pelo mercado. Por isso, o seu liberalismo reconhece, segundo Salama e Valier (1997:130), a possibilidade de um contrato social e a necessidade da ingerência política, mesmo que essa necessidade seja só, em última análise, reconhecida como um mal necessário, de acordo com a expressão já utilizada no século XVIII por Thomas Paine.

Contudo, a despeito da originalidade do liberalismo de Rawls em procurar compatibilizar a liberdade individual com a igualdade (de oportunidades) e a eqüidade (dar mais a quem tem menos), há entre os seus princípios uma hierarquia rigorosa, que ele define como uma ordem *léxica*, tal como a ordem seguida na determinação fonética de um vocábulo: o princípio da liberdade é prioritário em relação ao princípio da eqüidade. E, nessa hierarquia, fica patente uma oposição (e não conciliação) entre liberdade e igualdade, pois não seria justo, a seu ver, favorecer a igualdade em detrimento da liberdade. Ou melhor, para ele não teria cabimento, em situação alguma, sacrificar as "liberdades básicas". Da mesma forma, pelo mesmo critério hierárquico, o *princípio da igualdade* é totalmente prioritário em relação ao *princípio da diferença*, pois não seria justo dar mais atenção à diminuição das desigualdades sociais do que à igualdade de oportunidades. Sendo assim, por essa perspectiva não haveria ameaça ao poder e à riqueza dos estratos sociais mais abastados, em nome de uma igualdade socioeconômica, pois o que de fato se persegue como prioridade são *oportunidades iguais*. E isso seria assim tanto por razões de *eficiência* como de *moralidade*. Por razões de eficiência porque, sem oportunidades iguais, os mais qualificados para ocupar certas posições não as alcançariam; e por razões de moralidade porque seria injusto aqueles em piores condições socioeconômicas não contarem com a chance de melhorar de vida.

Enfim, na teoria de Rawls, a igualdade socioeconômica que está na base da concepção de otimização da satisfação das necessidades básicas, definidas neste trabalho, fica relegada a segundo plano, atendendo convenientemente à lógica liberal, que elege a liberdade, inclusive a do mercado, como o fundamento da ordem social. Assim, embora Rawls não inclua explicitamente em sua teoria o mercado e a propriedade privada no rol das "liberdades básicas", é evidente que tanto um quanto outro — como sugerem Salama e Valier (1997:135-136) — estão presentes na escala hierárquica dos seus princípios. Primeiro, porque o indivíduo racional que age sob o véu da ignorância é o *Homo economicus*, isto é, um homem desprovido de qualquer sentimento de solidariedade (ao estilo paretiano) e civismo; segundo, porque a prioridade absoluta conferida ao princípio da liberdade deve-se, certamente, ao fato de Rawls ter plena consciência de que a lógica do mercado livre não admite a igualdade social.

Destarte, por querer atender, ao mesmo tempo, a dois senhores (mercado e sociedade), a teoria da justiça de Rawls tem sido alvo de críticas tanto de pensadores de *esquerda* quanto de *direita*.

Da *esquerda* merecem destaque as críticas de Doyal e Gough (1991), que consideram essa teoria ambígua na sua concepção de otimização da satisfação de necessidades básicas, pois estas jamais serão otimizadas apenas com a garantia de liberdades básicas. Onde há a coexistência do reinado da liberdade formal com a extrema pobreza — dizem eles — o pobre não tem liberdade de escolha. Por isso, afirmam, não se pode negar, como faz Rawls com os seus *bens primários* (ou *primeiros*), o papel fundamental que a satisfação de necessidades econômicas e sociais assume na vida humana e no projeto de persecução da justiça social substantiva.

MacPherson (1991), por seu turno, tem sustentado que muitos dos argumentos de Rawls, bem como o tipo de sociedade que ele concebe, estão estreitamente relacionados com as formas capitalistas existentes. Socialmente, ele justifica as diferenças de classe e, economicamente, propõe uma variante do "socialismo de mercado", proclamando as virtudes da competição. Com isso, ignora os custos humanos e a concentração do poder corporativo e gerencial nas classes possuidoras, cujos efeitos são bem maiores nas instituições das economias capitalistas do que os produzidos pelas leis da oferta e

94   NECESSIDADES HUMANAS: Subsídios à crítica dos mínimos sociais

da procura. Portanto, ressalta MacPherson, tais argumentos são, no melhor sentido, minimizadores da importância do progresso social conquistado pelos movimentos democráticos, no rastro da instituição do *Welfare State*, e, no pior, desconhecedores do fato de que no socialismo a justiça social seria mais bem contemplada.

Assim, ao reduzir o conceito de justiça econômica às normas sociais e valores éticos, o seu princípio distributivo ao invés de se sobrepor às relações de produção capitalista é por elas dominado.

Na seqüência das críticas procedentes da *esquerda*, Salama e Valier (1997) identificam quatro temas constitutivos da ideologia liberal, que são comuns ao liberalismo radical de Hayek e ao liberalismo social de Rawls, a saber:

1. *O mercado exerce um papel determinante na formação da sociedade.* Porém, enquanto o liberalismo de Hayek é mais coerente, por recusar claramente a idéia de contrato social, o de Rawls não. Este reconhece a importância do contrato social, mas sem deixar de conceber a lógica do mercado livre como um pressuposto constante da sua idéia de justiça. Vale dizer que, na visão de Rawls, o homem, no que toca à justiça, aparece "dilacerado em duas esferas estanques": por um lado, a econômica, a produção, entregue aos cuidados de um livre mercado que, supostamente, não requer nenhuma condição social de funcionamento e onde se encontram indivíduos sem ligação anterior; e, por outro, a social, a repartição, representada pela comunidade, dentro da qual pode-se praticar, pela intervenção redistributiva do Estado, a solidariedade para com os mais desfavorecidos (Salama e Valier, 1997:137).

2. *A apologia do fetichismo da mercadoria.* "Como todo liberal — assinalam Salama e Valier —, Rawls cai no formalismo e na apologia do fetichismo da mercadoria. Esta apologia é característica do liberalismo e poderia ser resumida em duplo 'viva'!: viva à exploração capitalista, que, contrariamente a outras formas de

MÍNIMOS SOCIAIS: UM CONCEITO CONTROVERSO

exploração direta, como do escravo ou do camponês, na sociedade feudal, é mediatizada pela compra/venda da força de trabalho no mercado e se encontra portanto mascarada por relações de liberdade/igualdade na esfera da troca; e viva ao Estado capitalista, que, sendo exterior aos capitalistas individuais, pode, então, aparecer neutro, acima das classes sociais" (1997:143-144).

3. *As desigualdades criadoras.* Não obstante social, o liberalismo rawlsiano parece endossar a concepção de Hayek de que as desigualdades sociais, quando não excessivas ou intoleráveis, são úteis ao crescimento econômico, beneficiando a todos. Assim, combinando uma concepção naturalista das desigualdades criadoras com a do *darwinismo social*[26], os adeptos desse tema explicam que, por um lado, "as desigualdades poderiam permitir uma taxa de poupança maior, sendo as classes mais favorecidas aquelas que mais poupam, o que incentivaria a expansão dos investimentos e, portanto, um crescimento maior. Por outro lado, as desigualdades poderiam estimular os perdedores a trabalhar mais e melhor" (1997:144-145). Por isso Rawls privilegia o princípio da liberdade sobre o da igualdade, pois compartilha com os demais liberais a idéia de que os direitos sociais impedem o crescimento econômico.

4. *Uma inclusão individual.* Na visão liberal, a exclusão de indivíduos e grupos do acesso a bens e serviços e do seu usufruto não seria propriamente social, mas individual, na medida em que esta exclusão não deriva da

---

26. Postura ideológica baseada na teoria da seleção natural de Charles Darwin (1809-1882), a qual explica a natureza dos seres vivos, incluída a humana, como um processo contínuo que conduziria progressivamente a formas cada vez mais diferenciadas. Equiparando a diferença orgânica existente na natureza com o progresso da civilização, os defensores do *darwinismo social*, a partir da segunda metade do século XIX, viram nessa equiparação a possibilidade de converter o processo de seleção natural em princípio fundamental da sociedade humana, identificando como fato natural a pobreza, o domínio dos mais fortes sobre os mais fracos e a ausência de proteção social.

exploração e da opressão sociais, mas de dificuldades de ordem pessoal, principalmente a de competir numa economia concorrencial de mercado. Por isso, as políticas voltadas para essa dificuldade seriam benfeitorias que visariam aos indivíduos, e não às classes sociais.

Partindo da *direita*, ou dos setores conservadores, vários também são os ataques dirigidos à teoria da justiça de Rawls, mas por motivos que diferem substancialmente das críticas da *esquerda*. Em sua essência, esses ataques são contrários ao caráter *social* do liberalismo de Rawls, por julgá-lo um desvirtuamento da doutrina liberal clássica. Assim, conforme Doyal e Gough (1991), eles são, basicamente, de duas ordens: a) contra a ameaça que a teoria rawlsiana representa à ênfase liberal clássica da autonomia individual; e b) contra a importância dada por Rawls aos direitos positivos (concretizados por políticas públicas redistributivas) em relação aos direitos negativos (de expressão, de privacidade, de propriedade etc.), ou seja, contra a vinculação dos direitos positivos aos deveres do Estado.

Dessa forma, destacam-se argumentos, como os de Nozick[27] (1974), de que a ascensão da proteção social ao *status* de cidadania implicaria obrigatoriedade de pagamento de tributos por parte de quem não se beneficiaria dessa proteção, o que violaria os direitos negativos dos contribuintes e produziria injustiças. Além disso, num contexto de escassez tornase difícil pôr em prática direitos sociais e econômicos, sendo melhor conceber as políticas redistributivas como "caridade", e não como direito de cidadania[28].

---

27. Adepto da filosofia libertariana, de direita, Robert Nozick escreveu um livro intitulado *Anarchy, State and utopia* dedicado à crítica das posições de Rawls, exercendo grande influência nos debates filosóficos sobre a questão da justiça. Muitas dessas críticas fizeram com que Rawls explicitasse melhor, em publicações posteriores ao consagrado *Uma teoria da justiça*, o seu polêmico *princípio da diferença*, desnudando, nessa explicitação, a sua concepção minimalista de proteção social. Ou, nas palavras de Van Parijs: "[Nessa explicitação] o princípio da diferença deixa de ser o que habitualmente acreditamos que é: um princípio que, aplicado a uma economia de mercado, legitima uma redistribuição substancial em benefício dos mais desfavorecidos" (1997:173).

28. Com base neste raciocínio, desde o final dos anos 70 (com a dominância da ideologia neoliberal), a provisão social pública vem sendo descaracterizada como

A ÓTICA DE HABERMAS

Além de Rawls, outra referência prestigiada sobre a temática da justiça, na perspectiva da otimização da satisfação de necessidades, é a reflexão teórica de Habermas. Mas, mesmo esta reflexão não se guiando pelas diretivas liberais e utilitaristas, contém, do nosso ponto de vista, alguns problemas.

Para começar, Habermas procura desvencilhar-se da influência de duas grandes tradições intelectuais, que ele considera problemáticas no trato do vínculo da razão com a moralidade. A primeira deriva de Max Weber, que se identifica com a estrutura organizacional e gerencial do capitalismo. A segunda deriva de Marx, que acentua o protagonismo da classe trabalhadora.

Em Weber, o que é enfatizado, diz Habermas, não é a capacidade criativa dos seres humanos para participar de seu próprio destino, mas sua habilidade em maximizar eficiências coletivas. Dessa forma, os valores que informam as decisões práticas com vista ao bem-estar dos indivíduos, a partir dessa tradição, são geralmente impostos pelos que estão no poder e nunca podem ser discutidos em espaços públicos. Sendo assim, os indivíduos não se capacitarão para superar constrangimentos arbitrários à sua liberdade que, muitas vezes, preexistem ao seu nascimento.

Já o marxismo tradicional equipara, segundo Habermas, razão ou racionalidade com os interesses da classe trabalhadora, por entender que esta classe é a força progressista da histó-

---

direito de cidadania social. O principal argumento sustentado pela *direita* — mas partilhado, inclusive, por setores da *esquerda* — é o de que *o que caracteriza um direito é a sua possibilidade de aplicação*. Se inexistem mecanismos ou recursos capazes de fazer com que provisões sociais, previstas na lei, sejam implementadas, elas não são direitos genuínos ou do mesmo quilate dos direitos individuais (civis e políticos). Contestando esse raciocínio, Plant (1998), em artigo recente, contra-ataca em duas direções: a) demonstrando que os direitos econômicos e sociais não são *categorialmente* diferentes dos direitos civis e políticos, como sustenta a ideologia neoliberal; b) apontando caminhos por meio dos quais direitos sociais podem ser aplicados. Para tanto derruba a tese neoliberal de que os direitos individuais ou de liberdade negativa não necessitam de recursos materiais para produzirem efeitos práticos, afirmando que, sem direitos sociais (ligados à igualdade) os direitos civis e políticos se tornarão abstratos (Plant, 1998).

ria. Contudo, a seu ver, os trabalhadores têm revelado pouco potencial para oferecer oposição efetiva aos piores excessos do capitalismo. Assim, a menos que esta classe se articule com outros setores descontentes da sociedade, nenhum movimento contestatório emanado dela transformará o sistema.

Em busca de uma explanação que melhor dê conta de uma razão democrática, capaz de atender aos interesses de cada um, de forma socializada, Habermas vislumbrou uma estrutura normativa universal de linguagem e comunicação. Nesta estrutura, a comunicação entre as pessoas dar-se-á livre de interesses particulares, ensejando a formação de *interesses generalizáveis* que podem ser coletivamente definidos e perseguidos de maneira racional e eficiente.

Ao privilegiar a comunicação, Habermas coloca-se contra o procedimento *monológico* de Rawls — que concebe princípios, bens e direitos deduzidos de um raciocínio superior, sem a participação discursiva dos indivíduos afetados —, dando ênfase ao *diálogo*. Sua ênfase, portanto, recai não nas necessidades individuais, definidas abstratamente, mas na possibilidade de universalizar interesses particulares mediante um contexto *dialógico*, em que todos participem (Lima, 1993:345-346). Como diz Chaui (1991:353), Habermas aposta numa "ética da ação comunicativa que permitiria o surgimento de um espaço público de diálogo tecido numa intersubjetividade racional, cujo pressuposto seria o caráter incondicional e incondicionável da palavra ética".

Estreitamente relacionada à universalização de interesses eticamente compartilhados está a conhecida defesa habermasiana da libertação da sociedade — que ele chama de *mundo da vida* — do domínio colonizador do Estado capitalista ou do *mundo do sistema*. Para ele, essa descolonização se daria com a criação de uma *razão pública*, que incluiria setores não oficiais da esfera pública — fóruns públicos independentes e processos amplos de comunicação da sociedade civil —, visando não só à justiça, mas à solidariedade. Assim, justiça e solidariedade não são vistas por Habermas como dois momentos que se completam. "A justiça diz respeito à liberdade e direitos de um indivíduo único e auto-suficiente, enquanto a solidariedade diz respeito ao bem-estar de seus semelhantes e daqueles que a eles estão ligados intersubjetivamente em uma forma de vida comum, e também à manutenção da integridade dessa forma de vida. As normas não podem proteger uma coisa sem a outra, elas não podem proteger direitos iguais e as liberdades individuais sem proteger o bem-estar de seus semelhantes e a comunidade à qual o indivíduo pertence" (Habermas, *apud* Lima, 1993:346). É esse, diz Lima, o ponto inicial da metodologia de Habermas, "pois para ele o caráter pragmático do discurso torna possível a formação de uma vontade consciente na qual os interesses de cada indivíduo podem ser considerados sem que se destruam os laços sociais que ligam cada indivíduo com seu semelhante" (1993:347). Nesse sentido, Habermas não é nem individualista, nos moldes de Hayek, nem contratualista, nos moldes de Rawls. As relações de reciprocidade verificadas no processo dialógico, defendido por ele, não equivalem a um contrato social, ou a um acordo procedimental adotado por pessoas isoladas, mas sim à formação de uma vontade racional construída no "mundo da vida dos indivíduos socializados". Dessa forma, o procedimento dialógico, discursivo, realizado no mundo da vida, ou seja, na sociedade, é condição fundamental para que se tracem normas universais, simétricas (iguais para todos) e recíprocas de justiça e moralidade, as quais ultrapassarão o âmbito da família, da tribo, da cidade ou da nação.

No bojo das suas argumentações, percebe-se, ainda, que Habermas avança num ponto, silenciado por Rawls, mesmo compartilhando com este do recurso à razão prática, herdado de Kant, e da idéia de universalizar valores. Trata-se da recomendação de conferir atenção particular às identidades de grupos (feministas, pacifistas, ecologistas, comunidades locais) portadores de interesses específicos que decorrem, como já vimos, de ameaças ou perigos adicionais à sua vida (como seres humanos e como sujeitos). Nesse caso, os reclamos específicos desses grupos devem receber respostas específicas que, na opinião de Habermas, não deverão se identificar com a distribuição de bens e serviços sociais, mas com a garantia da integridade desses grupos com as suas diferenças. Ou, nas suas próprias palavras: "Proteger as condições de possíveis comunicações associativas significa gerar espaço para a construção mais autônoma de identidade de grupos e para a liberação política" (Habermas, *apud* Lima, 1993:348). Eis por que Habermas propõe uma visão mais ampla do processo político, para além dos arranjos e das instituições formais, ressaltando a importância do que denomina de "esfera política pública", distinta do sistema econômico e do sistema político formal, pois "só esta permitirá às sociedades complexas obter uma distância normativa em relação a si mesmas e se tornar capazes de assimilar coletivamente experiências de crise" (Lima, 1993:348).

Comparado com Rawls, não há como não reconhecer que Habermas oferece maiores contribuições ao debate sobre a otimização da satisfação de necessidades básicas, particularmente no que diz respeito à otimização da autonomia ou do potencial da razão discursiva, participativa. Contudo, a sua visão de debate racional, voltado para o consenso, livre de qualquer coação e de interesses particulares, é, como ele mesmo reconhece, inexistente na prática. Esse debate afigura-se apenas como possibilidade que deve ser perseguida no máximo por uma estratégia de reformismo radical. Ademais, uma tal moldura discursiva não comporta situações marcadas por relações de violência e de antagonismo, em que não haja possibilidade de diálogo. Neste caso, há que se privilegiar a ação estratégica, defendida por ele, como recurso paralelo à ação dialógica, ou até mesmo a força, refutada por ele, para fazer prevalecerem os valores de liberdade, igualdade e justiça social.

Por fim, vale ressaltar que nem sempre uma decisão consensual é inteligente e lúcida e que nem a liberdade e a igualdade no plano do discurso garantem por si sós a otimização de necessidades básicas. Para tanto, há que se contar também com precondições objetivas, tal como postas na nossa discussão.

Feito este apanhado das principais controvérsias que cercam a questão da otimização do atendimento das necessidades humanas básicas, vejamos, na segunda parte deste livro, os traços históricos que, sob diferentes justificações teóricas e ideológicas, caracterizaram e caracterizam as principais experiências internacionais e a brasileira de satisfação de necessidades básicas.

SEGUNDA PARTE

BREVE HISTÓRICO DAS POLÍTICAS DE SATISFAÇÃO DE NECESSIDADES BÁSICAS

CAPÍTULO VI

Políticas de satisfação de necessidades no contexto internacional

6.1. DAS ORIGENS AO *WELFARE STATE* KEYNESIANO

O conceito de proteção social mínima identifica-se, nas suas origens, com um mínimo de renda. Surge na Grã-Bretanha, em 1795, sob forma de *abono salarial* ou rendimento mínimo garantido, no bojo de uma sociedade ainda não completamente mercantil, dada a falta, àquela época, de um mercado livre de trabalho. Respaldado pela Lei do Parlamento do Condado de Speenhamland (*Speenhamland Law*), tal conceito marcou uma inflexão até então jamais vista na política de proteção social que vinha sendo desenvolvida na Inglaterra, desde 1536, sob a regência das velhas Leis dos Pobres (*Poor Law*)[29].

---

29. As Leis dos Pobres (*Poor Law*) formavam um conjunto de regulações pré-capitalistas que se aplicava às pessoas situadas à margem do trabalho, como idosos, inválidos, órfãos, crianças carentes, desocupados voluntários e involuntários, etc. Contudo, a despeito de, na aparência, esse conjunto de regulações se identificar com a pobreza, era no trabalho que ele se referenciava. Tanto é assim que, entre 1536 e 1601, as Leis dos Pobres, de par com o Estatuto dos Artífices (*Statute of Artificiers*), compuseram o Código do Trabalho na Inglaterra; e, em 1662, incorpora-

Criada num contexto de grande perturbação social — caracterizado por crise econômica e forte agravamento da pobreza —, a *Speenhamland Law* "reconheceu o direito de todos os homens a um mínimo de subsistência" (Rosanvallon, 1982:112), independentemente de seus proventos, de acordo com uma tabela que dependeria do preço do pão e do número de filhos (Polanyi, 1980). Assim, se alguém não pudesse auferir, mediante o seu trabalho, o suficiente para sobreviver, cabia à sociedade fazer a complementação.

Como diz Polanyi (1980), isso introduziu uma inovação social e econômica que nada mais foi do que o estabelecimento do "direito (natural) de viver". Além disso, houve a extensão da assistência social preexistente aos pobres capacitados para o trabalho, porém mal pagos, fato inédito naquela época e até hoje considerado uma heresia pela lógica capitalista liberal.

Com efeito, antes da *Speenhamland Law*, os pobres eram forçados a trabalhar em troca de qualquer salário e somente os incapacitados para o trabalho — crianças carentes, inválidos e idosos — tinham direito à assistência social. Daí a existência das *workhouses* (casas de trabalho que funcionavam como verdadeiras prisões), para onde eram encaminhados os indigentes válidos para o trabalho. É certo que com o Gilbert's Act, de 1782, houve um arremedo de política de *manutenção de renda*, o qual autorizava, "em certas condições, o auxílio em dinheiro a todos os pobres, incluindo os válidos" (Rosanvallon, 1982:112). É certo também que esta lei

---

ram a Lei de Domicílio (*Act of Settlement*), que restringia a mobilidade espacial das pessoas, protegendo as paróquias mais dinâmicas da invasão de indigentes de paróquias menos ativas. Esse conjunto de leis era mais punitivo do que protetor. Sob a sua regência, a mendicância e a vagabundagem eram exemplarmente castigadas. Todos eram obrigados a trabalhar sem ter a chance de escolher as suas ocupações e a de seus filhos. A *Speenhamland* significou um novo modo de administrar as *Poor Law*, subvertendo o velho princípio do trabalho obrigatório e da assistência confinadora (em asilos ou em casas de trabalho forçado). Na verdade, se comparada com as medidas precedentes de gestão da pobreza, a *Speenhamland* representou uma forma de regulação até então inédita na história da assistência social, marcando decisivamente "o destino de toda uma civilização" (Polanyi, 1980:97).

BREVE HISTÓRICO DAS POLÍTICAS DE SATISFAÇÃO DE NECESSIDADES BÁSICAS   105

ampliou a clientela das *workhouses*, incluindo crianças e inválidos, que, longe de serem amparados socialmente, passaram a viver asilados e rigidamente controlados por essas instituições corretoras da ociosidade e da vagabundagem. Mas foi somente com a *Speenhamland Law* que se começou a pensar num abono salarial mínimo como uma forma de assistência social incondicional, livre de contrapartidas, punições e confinamentos, como era habitual.

No entanto, esta lei já nasceu fadada ao insucesso, apesar de ter durado 39 anos. Criada na mesma época em que a Revolução Industrial se expandia e, por isso, exigia que todas as amarras impeditivas do trabalho livre fossem desatadas (foi o caso da revogação parcial da Lei do Domicílio — *Act of Settlement* —, de 1662), ela cedo tornou-se defasada por impor uma regulamentação nas competitivas relações entre capital e trabalho. A incompatibilidade entre essas duas tendências tornou-se patente, conforme registra Polanyi: "O *Act of Settlement* estava sendo abolido porque a Revolução Industrial exigia um suprimento nacional de trabalhadores que poderiam trabalhar em troca de salários, enquanto a *Speenhamland* proclamava o princípio de que nenhum homem precisaria temer a fome porque a paróquia o sustentaria e à sua família, por menos que ele ganhasse" (1980:99). Em vista disso, essa organização de assistência aos pobres, não obstante irrisória e cheia de contradições[30], foi duramente criticada a partir do final do século XVIII, por constituir um incômodo obstáculo à formação de um proletariado industrial.

Não admira, portanto, que as forças livres do capitalismo industrial, altamente competitivas, tenham finalmente conseguido, ao cabo de quase quatro décadas, a revisão (leia-se: esvaziamento) da *Speenhamland Law*. Em 1834, por meio

---

30. Uma das principais contradições da *Speenhamland*, assinalada por Polanyi (1980), foi que ela induziu o rebaixamento dos salários, já que eles eram suplementados por meio de fundos públicos, beneficiando, assim, mais o empregador do que o empregado. Este, embora estivesse protegido legalmente dos perigos de um sistema mercantil, era praticamente impedido de vender a sua força de trabalho pelo valor de mercado, caindo, assim, no pauperismo regulado.

da Lei Revisora das Leis dos Pobres (*Poor Law Amendment Act*), o auxílio aos necessitados tornou-se mais seletivo e residual, como manda o figurino liberal, ao mesmo tempo em que foi abolido o princípio da *territorialização do domicílio* e a servidão paroquial, restabelecendo-se integralmente a mobilidade espacial do trabalhador. Esta lei revisora permitiu, portanto, a formação de um mercado de trabalho competitivo, associado à emergência de um proletariado móvel, desprotegido socialmente e obrigado a vender a baixo preço e em qualquer parte a sua força de trabalho. Criaram-se assim as condições para a construção de uma sociedade favorável ao desenvolvimento e consolidação de uma economia de mercado (Polanyi, 1980) e para o confronto ideológico, de cunho moralista, entre assistência social e trabalho.

Nessas circunstâncias, cai por terra o direito ao mínimo de rendimento, ou o "direito (natural) de viver", ao mesmo tempo em que as ações da assistência social são simplificadas, tornando-se alvo de reformas restritivas e regressivas ao longo do século XIX. Sem proteção institucional, esperava-se, agora, que o pobre garantisse sozinho a sua sobrevivência, contra todas as desvantagens que a economia de mercado lhe impunha. Para tanto, não faltaram justificações teóricas de monta que representaram um verdadeiro assalto intelectual contra a proteção social pública. O pastor inglês Malthus, por exemplo, acreditava que a ajuda aos pobres minava o espírito de independência destes e incentivava a ociosidade. Estas justificações fortaleceram sobremaneira a ideologia liberal, que relacionava o trabalho às liberdades negativas e via o indivíduo como detentor de um direito natural à liberdade, oposto ao direito artificial à proteção institucionalizada.

Portanto, para os liberais, o direito à proteção social, garantido por leis, era antinatural e nocivo à liberdade individual, porque induzia os pobres a submeterem-se passivamente à tutela estatal e a enredar-se cada vez mais nas malhas da pobreza. Ou, em outros termos, para os liberais, a pobreza era o resultado do mal funcionamento e do paternalismo das instituições de proteção social, as quais, por

BREVE HISTÓRICO DAS POLÍTICAS DE SATISFAÇÃO DE NECESSIDADES BÁSICAS **107**

isso, deveriam ser reduzidas ou extintas. Eis por que Malthus[31] pregava que a extinção da pobreza poderia ser obtida mediante o ensinamento aos pobres dos valores da prudência, da vida regrada e da autoprovisão, coisa que as instituições de assistência social eram incapazes de fazer (Rimlinger, 1976).

Além de Malthus, merece destaque o sociólogo Herbert Spencer, adepto do *darwinismo social*, por ter exercido forte influência na tradição liberal, com repercussões até os dias de hoje. Spencer encarava o progresso como resultado de uma constante luta entre os seres humanos, luta essa que tinha uma natural função seletora, baseada em fatores biológicos e naturais: o fraco, o doente, o malformado, o ocioso, o imprudente, o imprevidente — que não se adaptaram às formas de vida civilizada — deveriam ser impedidos de se reproduzir, porque protegê-los socialmente era não só agir contra a lei da natureza mas contra a lei do progresso.

Sendo assim, não haveria por que criar sistemas de proteção social aos pobres, nem mesmo no âmbito das instituições privadas, pois tal atitude impediria o processo de *adaptação social* por meio do qual os indivíduos adquiririam a necessária capacidade para participar de um mundo mais diferenciado e complexo. Portanto, só havia um tipo de assistência que Spencer admitia: a que ajudasse o pobre a se autoajudar; ou, de acordo com o popular provérbio chinês: "Em vez de se dar o peixe ao pobre, deve-se dar-lhe a vara de pesca e ensiná-lo a pescar".

---

31. Para Thomas Malthus a tendência constante da população é aumentar mais rapidamente do que os recursos para sustentá-la. Em vista disso, enunciou uma lei segundo a qual a espécie humana aumentaria em progressão geométrica, tal como a representação numérica 1, 2, 4, 8, 16, 32, ..., enquanto os meios de subsistência aumentariam em progressão aritmética (1, 2, 3, 4, 5, 6, ...). Assim, em dois séculos a proporção entre a população e os meios de subsistência seria de 256 para 9; em três séculos de 4.096 para 13; e em dois mil anos a distância seria absurda. Prevendo a impossibilidade de aumentar a produção para atender às necessidades da população, Malthus pregava o controle da natalidade, mediante "renúncias morais", como abstinência sexual, casamentos tardios, supressão de estímulos a famílias numerosas, comportamentos esses que deveriam ser ensinados, com rigor, aos pobres. As previsões malthusianas, contudo, foram perdendo substância com o avanço da ciência e da tecnologia, graças ao qual a produção aumentou em um ritmo não imaginado por Malthus.

NECESSIDADES HUMANAS: Subsídios à crítica dos mínimos sociais

Contudo, nem todos os expoentes do liberalismo pregavam a abolição total da proteção social. Alguns, como o economista Nassau Senior, admitiam a tradicional ajuda aos idosos e incapacitados para o trabalho, preferencialmente no interior dos asilos de indigentes. Senior também não negava por completo a ajuda ao desempregado, desde que — tal como depois seria formulado por Hayek — esta ajuda não fosse superior aos salários e não assumisse o *status* de direito garantido por lei. Afinal, o pobre, para não ficar acomodado, não deveria contar com ajuda regular, certa, sistemática e continuada, que viesse a configurar uma obrigação dos poderes públicos.

Cria-se, assim, desde aquela época, a justificação legitimadora do princípio da *incerteza* na provisão social e do critério da *menor elegibilidade*[32], mais tarde formulado por Chadwich, com todas as suas implicações constrangedoras e estigmatizantes. E tudo isso foi consagrado em 1834, com a draconiana *Poor Law Amendment Act*, que esvaziou a *Speenhamland Law*, reintroduzindo, de par com a abolição do sistema de abonos, a assistência confinadora dos pobres em albergues que, de tão aviltantes, transformaram-se em fonte de estigma. É como diz Polanyi (1980:93): "Em toda história moderna talvez jamais se tenha perpetrado um ato mais impiedoso de reforma social (...) Defendeu-se friamente a tortura psicológica que foi posta em prática por filantropos benignos como meio de lubrificar as rodas do moinho (satânico) do trabalho".

A importância do critério da *menor elegibilidade* (ou da menor escolha) para o ideário liberal clássico decorreu do fato de que, com ele, seria possível conciliar a ajuda aos desempregados (fato, antes, abominado) com o desenvolvimento do livre mercado e com o espírito de empreendimento, previdência e independência do trabalhador. Pois, como afirma Rimlinger (1976), tal critério refletia e preservava, acima de tudo, os valores comerciais da nova civilização do mercado.

---

32. Pelo critério da *menor elegibilidade* (*less eligibility*), todo benefício assistencial deveria sempre ser menor do que o pior salário para não ferir a ética capitalista do trabalho.

BREVE HISTÓRICO DAS POLÍTICAS DE SATISFAÇÃO DE NECESSIDADES BÁSICAS 109

Foi neste contexto impiedoso e utilitário que se multiplicaram as *friendly societies* e todas as organizações mutuais operárias destinadas a garantir um mínimo de proteção social aos trabalhadores, constituídas por iniciativa destes e com os seus próprios recursos. Se, pensavam eles, com a *Poor Law Amendment Act* não havia mais proteção pública e o Estado se tornara um declarado algoz, era necessário que criassem esquemas de ajuda mútua para garantir, pelo menos, a sobrevivência. Ao lado disso, foi desencadeada a luta operária pela conquista de uma legislação fabril que protegesse a classe do despotismo do capital, bem como a movimentação política desta pelo reconhecimento de seus sindicatos.

Mas, como assinala Rosanvallon (1982), foi preciso esperar o século XX para que a classe trabalhadora obtivesse maiores ganhos sociais e políticos. Com o desenvolvimento do Partido dos Trabalhadores (*Labour Party*), na Grã-Bretanha, o movimento operário lavrou mais um tento: tornou-se uma força atuante no âmbito do poder legislativo.

O fortalecimento dos trabalhadores e de sua organização estimulou o debate político em torno da reforma produzida pela *Poor Law Amendment Act*, de 1834, e a investigação científica sobre a pobreza. Graças a vários *surveys* realizados, ficou patente que a pobreza tinha não só causas sociais (e, portanto, não individuais) como, paradoxalmente, dava-se em meio a uma riqueza sem precedentes. Isso despertou o interesse de muitos reformadores, destacando-se os *fabianos*, um grupo inglês de centro-esquerda que, contra o liberalismo, propunha reformas econômicas e sociais como condição para a melhoria de vida da população pobre.

Beatrice e Sidney Webb, expoentes do movimento fabiano, tornaram-se uma das influências intelectuais mais destacadas na realização das reformas iniciadas em 1905, ao serem nomeados para dirigir uma comissão real voltada para o estudo da reforma da assistência pública. Com base neste estudo, os Webb publicaram, em 1909, um relatório (*Minority Report*) no qual insistiam na necessidade de criação de uma política de prevenção social que concretizasse a doutrina da obrigação mútua entre o indivíduo e a comunidade. Era necessário organizar, diziam eles, "a manutenção universal de *um mínimo* de vida civilizada, que deve ser o objeto da responsabilidade solidária de uma sociedade indissolúvel" (*apud* Rosanvallon, 1982:114).

Pressionado por essas mudanças, o velho liberalismo foi cedendo espaço a um liberalismo mais "social", como o preconizado na Inglaterra por Lloyd George, que recomendava a transformação da ajuda voluntária em uma moderna assistência pública. Lloyd George criou ainda, em 1908, a lei de assistência aos idosos, que não previa contrapartidas por parte do beneficiário nem constrangedores testes de meio ou comprovações autoritárias de pobreza.

Mas foi com a criação, em 1911, de um sistema de seguro-doença e seguro-desemprego, que visava acompanhar o indivíduo do "berço ao túmulo", que ocorreu uma grande inovação no esquema de proteção social inaugurado por Lloyd George. "Esse seguro era obrigatório e aplicava-se unicamente aos operários que ganhassem menos de 320 libras por ano. Gerido pelo Estado, abrangia igualmente o risco de invalidez (...) Esta lei foi complementada em 1920 e 1931 por planos mais desenvolvidos de assistência ao desemprego. Em 1923, foi igualmente instituído um sistema de pensões em favor das viúvas e dos órfãos" (Rosanvallon, 1982:114).

Tudo isso convergiu para a posterior concepção de Seguridade Social, inaugurada na Grã-Bretanha por William Beveridge, um dos secretários de Beatrice e Sidney Webb na comissão de estudo para a reforma do sistema de assistência pública e, mais tarde, deputado. Tal concepção, contida no Plano Beveridge sobre Seguro Social e Serviços Afins (*Report on Social Insurance and Allied Services*), de 1942, mencionado na introdução deste livro, extrapolou as fronteiras britânicas e foi inspirar reformas realizadas nos principais países capitalistas após a Segunda Guerra Mundial, antecipando os princípios da constituição do *Welfare State.* Assim, como nos faz ver Rosanvallon (1982:115), embora a expressão *segurança social* tenha sido oficialmente empregada pela primeira vez nos Estados Unidos, em 1935, pelo presidente Roosevelt, com o seu *Social Segurity Act*, ela só

BREVE HISTÓRICO DAS POLÍTICAS DE SATISFAÇÃO DE NECESSIDADES BÁSICAS

ganhou o significado que tem hoje com o inglês William Beveridge.

Rompendo com a conotação estreita de seguro social que tinha vigorado na Alemanha de Bismarck, desde 1883, e em vários outros países da Europa e nos Estados Unidos, a partir dos anos 30, o modelo beveridgiano abarca quatro principais áreas programáticas: *seguro social*; *benefícios suplementares*; *subvenção à família*; e *isenções fiscais*. Para cada uma dessas áreas a base de qualificação para o benefício era distinta. O seguro social era baseado em contribuições previamente pagas, enquanto os benefícios suplementares eram não contributivos e, portanto, sujeitos a testes de meios (comprovações de pobreza). As subvenções familiares, por sua vez, eram pagas sem contrapartida e sem testes de meio a qualquer assalariado que tivesse mais de uma criança como dependente, num valor que variava de acordo com a renda do beneficiário. Assim, assalariados com uma renda tão baixa que não lhes permitisse pagar impostos recebiam subvenções maiores do que aqueles com renda mais elevadas. Finalmente, as isenções fiscais recaíam sobre aqueles grupos de alta renda que ficavam desobrigados de pagar taxas suplementares de impostos (Kincaid, 1975).

Com esta configuração o modelo beveridgiano pretendeu ser abrangente, unificado e simples para, garantindo segurança social do "berço ao túmulo" — como havia propugnado Lloyd George —, "libertar o homem da necessidade". Para tanto, *cinco gigantes* teriam que ser combatidos: a *ignorância*, a *escassez*, a *enfermidade*, a *preguiça* e a *miséria*. E todas as ameaças ao rendimento regular dos indivíduos, como doenças, acidentes de trabalho, morte, velhice, maternidade e desemprego deveriam ser prevenidas ou debeladas.

Além disso, Beveridge, baseado em estudos e diagnósticos, propôs uma política social que comprometia o Estado com as seguintes medidas:

- Lei de Subvenção à Família (*Family Allowances Act*), criada em 1945, para garantir pagamentos semanais para cada criança;

- Lei de Seguro Nacional (*National Insurance Act*) e de acidentes industriais, criada, em 1946, para garantir a provisão compulsória de seguro contra a perda de ganhos e, entre outras proteções, auxílios-desemprego, doença e invalidez e pensões aos idosos;
- Serviço Nacional de Saúde, que introduziu, em 1946, um serviço de saúde gratuito para todos;
- Assistência Nacional, que, em 1948, aboliu a Lei dos Pobres e as *workhouses*, criando um Conselho de Assistência Nacional para prover pagamentos para pessoas com idade acima de 16 anos que possuíssem recursos abaixo do nível considerado necessário para suprir as suas necessidades (Baugh, 1977).

Paralelamente a esses provimentos, os governos passaram a desenvolver políticas de pleno emprego, com base na doutrina keynesiana[33], que revolucionou o pensamento econômico entre os anos 20 e 30 do século XX.

A partir daí, os mínimos sociais passaram a ter uma conotação mais alargada, incluindo, além de políticas de manutenção de renda — geralmente sob a forma de uma rede de segurança impeditiva do resvalo de cidadãos social e economicamente vulneráveis para baixo de uma linha de pobreza legitimada pela sociedade —, outros mecanismos adicionais de proteção social, como: serviços sociais universais (saúde e educação, por exemplo), proteção ao trabalho (em apoio ao pleno emprego) e garantia do direito ao acesso a esses bens e serviços e ao seu usufruto. Esta foi a fase de ouro das políti-

---

33. Embora Keynes não fosse socialista, ele foi, no século XX, um oponente de peso da crença liberal na auto-regulação do mercado e na determinação de fatores extra-econômicos (guerras, greves, pressão dos sindicatos etc.) sobre as disfunções da economia mercantil (crise e desemprego). Por isso, argumentava que o equilíbrio entre oferta e demanda somente seria assegurado se o Estado regulasse variáveis-chave do processo econômico, como a *propensão ao consumo* e o *incentivo ao investimento*, em consonância com a seguinte lógica: o Estado deveria intervir na economia para garantir um alto nível de *demanda agregada* (conjunto de gastos dos consumidores, dos investidores e do poder público) por meio de medidas macroeconômicas, que incluíam o aumento da quantidade de moedas, a repartição de rendas e o investimento público suplementar.

BREVE HISTÓRICO DAS POLÍTICAS DE SATISFAÇÃO DE NECESSIDADES BÁSICAS   113

cas de proteção social, na qual a otimização da satisfação das necessidades humanas básicas tornou-se uma tendência promissora, a partir da Europa.

Contudo, o baixo crescimento econômico e o problema inflacionário que caracterizaram a *performance* das sociedades capitalistas industrializadas a partir da segunda metade dos anos 70, romperam com essa conotação de proteção social e com a contínua extensão das políticas sociais como concretizadoras de direitos. Isso motivou uma crise financeira no sistema de Seguridade Social beveridgiano, causada não só pelo aumento das medidas de compensação ao desemprego — que se tornou elevado —, mas também pelo fato de que o desemprego tinha um impacto multiplicador sobre uma ampla gama de gastos sociais. Em vista disso, começou a ser levantada a questão — que iria se tornar recorrente, a partir dos anos 80 — dos efeitos negativos da política social, de estilo keynesiano/beveridgiano, sobre a economia capitalista.

Estava posta, aí, uma oportunidade ímpar para os conservadores apregoarem — como de fato o fizeram — uma crise de governabilidade causada pelas excessivas demandas democráticas dirigidas aos Estados nacionais, que adotavam um extensivo Estado de Bem-Estar, e para advogarem o retorno do ideário liberal.

6.2. O RETORNO DA HEGEMONIA LIBERAL: EMERGÊNCIA DAS CHAMADAS POLÍTICAS SOCIAIS DE NOVA GERAÇÃO

Com o retorno do ideário liberal, sob a denominação de *neoliberalismo*, voltou-se a defender a identificação dos mínimos sociais com um mínimo de renda, após uma caminhada progressiva, que durou trinta anos, em direção ao seu reconhecimento como um dos componentes, dentre outros, de um sistema de proteção social *básica* garantida.

Efetivamente, embora a idéia de renda mínima faça parte da história do pensamento político, foi mais exatamente nos anos recentes que o debate em torno de sua importância estratégica ganhou expressão — confrontando propostas de direita e de esquerda —, após ter integrado os esquemas de proteção social beveridgianos. Assim, no final dos anos 40 (1948), a Inglaterra incluiu este programa no seu esquema de seguridade social, embora a Dinamarca já o tivesse adotado em 1933. Paulatinamente, outros países europeus, como a Alemanha, em 1961, a Holanda, em 1963, a Bélgica, em 1974, a Irlanda, em 1977, Luxemburgo, em 1986, e a França, em 1988, o foram implementando, com padrões diferenciados. Daí a variedade de experiências (locais ou nacionais) conhecidas no mundo, incluindo a dos Estados Unidos, que inaugurou um esquema denominado imposto de renda negativo, a saber: aqueles cujos ganhos estivessem aquém de um nível mínimo estabelecido passariam a receber um valor monetário que elevasse a sua renda até esse mínimo. Em compensação, aqueles cujos ganhos ultrapassassem o nível mínimo começariam a pagar, progressivamente, valores monetários sob a forma de tributos.

Nas diferentes modalidades de programas de renda mínima em curso, alojam-se dilemas que têm relação com o conteúdo social dessa proteção previsto na sua concepção original, qual seja: o de constituir uma política distributiva que concretiza, perante o cidadão, um direito à posse incondicional de um montante de recursos monetários para a sua sobrevivência, independentemente de seu vínculo com o trabalho.

Ora, este tipo de *direito que se sobrepõe ao trabalho* tem constituído, nas sociedades capitalistas contemporâneas, o epicentro de uma questão que, desde a *Speenhamland Law*, de 1795, põe em confronto duas lógicas distintas: a da *rentabilidade econômica* e a das *necessidades sociais*. Por isso, cada país tem procurado encontrar um ponto de equilíbrio entre o direito à satisfação de necessidades sociais e a ética capitalista do trabalho, oferecendo, como vimos, uma variedade de experiências que se diferenciam mais pelas tecnicalidades (fórmulas de cálculo para a concessão do benefício; tipo e alcance da cobertura; prazos de recebimento; tipos de contrapartidas; formas de financiamento etc.) (Lavinas e Varsano, 1987) do que pelos seus objetivos: oferecer uma renda complementar que amorteça os impactos diruptivos do desemprego e da desagregação familiar, considerados hoje as principais causas da pobreza e da exclusão social.

Assim, nas diferentes experiências conhecidas, a renda mínima quase sempre representa um *diferencial* entre a soma dos rendimentos de uma família (salariais ou não) e o teto máximo do benefício, oficialmente estipulado. Além disso, tal benefício não deve impedir que o indivíduo procure uma ativa participação no mercado e estabeleça elos de solidariedade familiar e comunitária. Para tanto, os programas existentes guiam-se, em regra, pelos seguintes critérios: focalização na pobreza; subjetividade do direito (deve ser demandado pelo interessado); condicionalidade (admite prerrogativas e contrapartidas); subsidiariedade (é renda complementar); e sujeição do interessado a testes de meios ou comprovações de pobreza. Em vista disso, eles não se configuram como programas *redistributivos* (que retirariam de quem tem para dar a quem não tem) e não estão livres do *estigma* — um efeito abominável das práticas assistenciais do capitalismo liberal, hoje recuperadas.

Para contornar essa tendência, algumas propostas têm sido apresentadas, tendo como principal parâmetro os critérios da *condicionalidade* e da *seletividade* dos programas de renda mínima. Dentre elas, três merecem destaque (Lavinas e Varsano, 1997):

a. A que defende a "renda de cidadania" ou "renda básica", assentada no critério da *incondicionalidade* do benefício, por razões éticas e de justiça social. Trata-se, portanto, de defender a garantia de todo cidadão ao acesso a um rendimento básico e a seu usufruto, sem condicionar o seu recebimento a contrapartidas como procurar emprego no prazo de alguns meses, assistir a palestras ou reuniões "educativas", estudar etc., dissociando, assim, o benefício de lealdades, de culpas, de sacrifícios, de suspeitas, de obediências e, portanto, do estigma.

Esta proposta encerra uma postura radical de transformar os excluídos sociais em *credores* de uma enorme dívida social pública, e não em *devedores* manipuláveis e oprimidos ou, quando não, reféns dos caprichos e da arrogância da ajuda institucional. Contrapõe-se, portanto, à ideologia e à prática do *workfare*, consideravelmente difundida e acatada nos países capitalistas centrais, de acordo com a qual todos os beneficiários, para não caírem na passividade, terão de pagar pelo que recebem, seja empreendendo algum esforço de integração ao mercado de trabalho, seja aceitando a oferta de emprego público que lhes é imposta, ou, ainda, realizando tarefas ou serviços determinados pelo programa, em troca da "ajuda".

Essa ideologia e prática de proteção social referenciada na cobrança de respostas (induzidas) do beneficiário não é nova, apesar do nome de efeito — *workfare* — que adotou, por oposição ao *welfare*. Para dar um exemplo, no século XIX, a cobrança da contrapartida, ou do reverso da assistência, era tão forte que chegava às raias da insensatez. Exigia-se, por exemplo, na Europa, que famintos construíssem torres desnecessárias para justificar o recebimento de alimentos (geralmente batatas) em tempos de crise. Se a fome persistisse, a cobrança mudava de orientação, mas não de perversidade: exigia-se que os famintos destruíssem a torre levantada para que pudessem fazer jus à nova concessão de alimentos vitais. Por trás dessa ideologia e dessa prática irracionais e perversas, estava não apenas um abuso de poder institucional, mas, infelizmente, a tradicional e arraigada convicção conservadora, tributária de Malthus, Spencer e seus adeptos, de que o pobre é pobre por uma questão de má formação moral e comportamental, devendo, por isso, quando assistido, ser punido para aprender a ser gente de "bem".

Apoiando parcialmente esta primeira proposta, existe uma vertente que, apesar de encampar a reação contra a *incondicionalidade* e o *workfare*, aceita o critério da *seletividade* ou a focalização de uma renda básica (parcial) na pobreza. Trata-se da vertente que concebe a renda mínima como *imposto negativo* (tal como adotada na América do Norte) e elege a renda familiar — e não a pessoal — como unidade de referência, visando manter baixas as demandas da população pobre por gastos sociais públicos sem necessariamente redistribuir renda ou riqueza (Roche, 1992).

b. A que põe acento no *workfare* e na *condicionalidade*, por considerar que a não-imposição de condições atenta contra a ética do trabalho e incentiva o assistencialismo. Assim, em vez de a contrapartida do beneficiário ser encarada como um mecanismo negativo de controle institucional, deve ser vista como uma forma de valorizar o trabalho e a integração social.

Um dos principais argumentos apresentados pelos adeptos desta segunda proposta é o de que a incondicionalidade da distribuição do benefício torna-se um fator de encorajamento da redução dos salários — já que o Estado cobre a diferença — e de degradação do trabalho. Portanto, entendem que, mesmo havendo sanções contra beneficiários que se recusam a dar algo em troca da ajuda, a contrapartida funciona mais como um *direito* do que uma *obrigação* ou *constrangimento*. É, dir-se-ia, uma coação para o *bem*, para valorizar o trabalho e os direitos a ele vinculados e, portanto, um ato moralmente defensável.

c. Atravessando estas duas propostas identificamos uma terceira, com a qual esse estudo tem afinidade. Trata-se da posição que, além da renda, privilegia outros mecanismos de *proteção social básica* (e não mínima). Partindo do entendimento de que a universalização dos serviços sociais não estaria necessariamente subordinada ao mercado de trabalho nem a esquemas contributivos, a proteção social básica, que incluiria programas de manutenção de renda, privilegiaria o *status* de cidadania como prerrogativa de todos, em oposição aos contratos sociais apoiados na capacidade contributiva de cada um (em dinheiro, tarefas, serviços, lealdades ou sacrifícios). Ou, parafraseando

Euzéby (*apud* Lavinas e Varsano, 1997): em lugar de tais programas identificarem-se com uma *justiça comutativa*, que valoriza as trocas nos mercados econômico ou político, ter-se-ia a sua identificação com a *justiça distributiva*, que tem como horizonte a satisfação de necessidades humanas básicas.

Mas tanto esta proposta quanto a primeira habitam hoje o plano das utopias. Segundo Abrahamson (1994), os esquemas de renda mínima garantida europeus começaram, de fato, como objeto de um debate que dava primazia à idéia de *renda básica* ou de *cidadania*, em conformidade com o espírito da Carta Social da UE de 1989. Nesse debate, a renda básica implicaria uma obrigação pública de garantir a cada cidadão acima de 18 anos, os meios necessários à sua subsistência condigna, independentemente da sua inserção no mercado de trabalho. Ou, na concepção de Van Parijs (1994; 1995; 1997), esse tipo de renda diferiria da renda mínima atualmente garantida em vários países industrializados, pelos seguintes motivos: cada cidadão receberia individualmente, independentemente de sua vinculação familiar, de sua participação nos mercados de trabalho ou de capital ou de algum *status* específico, uma condigna renda incondicional, isto é, sem contrapartidas. Constituiria, portanto, uma provisão que não estaria restrita ao desempregado voluntário, mas abarcaria todos aqueles que preferissem não se engajar no mercado de trabalho, como donas ou donos de casa, estudantes, etc. Para Van Parijs, pois, a "introdução de uma renda incondicional desse tipo deve ser vista não como o desmantelamento e sim como a culminância do *Welfare State*, preparada pelas realizações deste, da mesma forma que a abolição da escravatura e a introdução do sufrágio universal foram preparadas e se tornaram possíveis por conquistas anteriores" (1994:69-70). Esta é uma concepção nitidamente transgressora da ética capitalista do trabalho ainda valorizada por sociedades que não mais garantem empregos suficientes por razões estruturais. E, em assim sendo, considera a renda básica não um elemento de um agregado de bem-estar, mas instrumento de redistribuição do produto social e de justiça.

BREVE HISTÓRICO DAS POLÍTICAS DE SATISFAÇÃO DE NECESSIDADES BÁSICAS 119

Contudo, prossegue Abrahamson, cedo esse debate abandonou o conceito de *renda básica* e passou a cultivar o de *renda mínima* garantida, que consiste na transferência do valor monetário *diferencial* já mencionado, acompanhada de testes de meios rigorosos, da exigência de inserção do beneficiário no mercado de trabalho e, conseqüentemente, do cultivo do famigerado *estigma*[34].

É este o esquema que vingou na Europa[35], e fora dela, reintroduzindo na retórica e na prática da proteção social da atualidade velhos critérios viciosos de elegibilidade e de gestão pública que vem transformando a assistência social em "armadilha da pobreza".

Assim, enquanto a renda básica ou de cidadania significaria uma ruptura com essa tendência, a renda mínima garantida, atualmente em voga, a recupera e a reforça.

6.3. IMPORTÂNCIA CRESCENTE DOS ESQUEMAS DISTRIBUTIVOS DE PROTEÇÃO SOCIAL

É, pois, sob o signo da regressividade no campo da proteção social capitalista que os esquemas de assistência social têm crescido em importância no chamado Primeiro Mundo, tanto em volume de gastos dispendidos quanto na cobertura dos beneficiários.

Segundo Ditch e Oldfield (1999), esta tendência parece derivar da combinação de vários fatores: uns *propulsores* e outros *regressivos*.

---

34. Segundo Abrahamson (1994:128), o presidente da Comissão Européia, àquela época — Jacques Delors —, pretendia promover o que chamou de "dimensão social", como uma forma de neutralizar os efeitos negativos da integração econômica e monetária na Europa. Para tanto, pensou numa integração social, registrada em carta oficial, a qual previa a adoção de um mínimo de direitos sociais no continente. Contudo, esse documento nunca teve *status* legal e imperativo. A sua aceitação por parte dos países-membros era opcional. O governo britânico o rechaçou. Por falta de unanimidade, o "debate em torno dos direitos sociais começou com uma discussão dos direitos sociais de todos os cidadãos da Comunidade [Européia], mas acabou restringindo-se aos direitos dos trabalhadores".

35. Existem, é claro, reações isoladas a esse esquema, como mostra Ferreira (1997), em seu artigo sobre o programa de renda mínima francês.

Os primeiros estão relacionados à extensão da assistência social aos estratos mais pobres da população, o que exige políticas e práticas sociais diferenciadas e particulares. E os segundos dizem respeito à contração e alteração dos esquemas de seguro social, com simultânea transferência de encargos e responsabilidades da área da previdência para a assistência social. Sobre essa tendência, Gough (1997:406), ao se ater ao contexto europeu, informa que "a necessidade de reformar a seguridade social cresce na Europa do Norte à medida que os mercados de trabalho se distanciam mais e mais do ideal assumido nos programas clássicos de seguridade contributiva". Isso é reforçado ainda mais pela crescente aceitação da sociedade civil em arcar com obrigações e incumbências do Estado e com o aumento de um novo tipo de pobreza que cria novos riscos e inseguranças coletivas.

Portanto, na base de ambos os conjuntos de fatores (propulsores e regressivos), estão mudanças socioeconômicas e demográficas significativas que respondem pelo aumento do desemprego, da desagregação das estruturas familiares convencionais, do aumento de contingentes de idosos e de pessoas portadoras de deficiência, todos demandantes da assistência social.

Pesquisa efetuada por Ditch e Oldfield sobre as políticas desenvolvidas no campo da assistência social, entre 1993 e 1996, revela que tais políticas não só tiveram ponderável incremento, como assumiram distintos padrões de inovação e de adaptação aos desafios dos tempos atuais. Segundo a pesquisa, não menos que sete modelos de assistência social foram detectados. Fazem parte deles os seguintes grupos de países: os *consolidators*, que não adotaram políticas de desenvolvimento significativas em seus esquemas de proteção social (Áustria, Bélgica, França, Alemanha, Grécia, Itália, Noruega, Espanha, Suécia e Suíça); os *extenders*, que introduziram ou estenderam substancialmente os seus escassos esquemas de assistência social (Portugal e Turquia), e, finalmente, os *innovators* — predominantemente de língua inglesa —, que introduziram muitas alterações (nem sempre pro-

BREVE HISTÓRICO DAS POLÍTICAS DE SATISFAÇÃO DE NECESSIDADES BÁSICAS   **121**

gressivas) nos seus padrões de assistência social (Austrália, Canadá, Nova Zelândia, Grã-Bretanha e Estados Unidos).

Enfocando mais especialmente o contexto europeu, onde a política social teve maior expressão, podemos visualizar, de modo comparado, com base em Cabrero (1997), as recentes *performances* da política de proteção social na União Européia (UE), a partir do eixo que contempla tanto a *convergência* como a *divergência* de tendências. Nesse eixo há que se considerar dois principais fenômenos contemporâneos: *conseqüência do envelhecimento da população* e *exclusão social*.

De acordo com Cabrero (1997:16), houve, nos últimos quinze anos, uma certa convergência entre os países da UE em relação ao montante de gastos sociais. Isso porque, enquanto os países do sul (Itália, Espanha, Portugal e Grécia) aumentaram notavelmente sua percentagem de gasto social sobre o seu Produto Interno Bruto (PIB), os demais países — que já haviam atingido certa saturação dos seus níveis de gasto — estabilizaram as suas despesas. Houve, portanto, um nivelamento de gastos sociais no âmbito da UE, movido principalmente pela necessidade de eliminar os mais acentuados desequilíbrios (*trade offs*) entre os países membros e garantir a estabilidade econômica da região. Mas, mesmo assim, as divergências continuaram evidentes. Comparando os dois extremos (norte e sul), Portugal apresenta um percentual de gasto social em torno de 20%, aplicado principalmente em investimentos sociais, enquanto os Países Baixos superam os 30%; mas, tal como os seus pares, estes últimos visam complementar bens e serviços sociais já existentes.

No que concerne à organização da proteção social, é possível agrupar os países da UE em quatro esquemas distintos. Um, formado por Alemanha, França, Bélgica, Luxemburgo e, em certo grau, Itália, Espanha e Países Baixos, no qual predomina o *princípio da contributividade*. Outro, que inclui Dinamarca, Grã-Bretanha e Irlanda, no qual a *fiscalidade* ou a cobrança de tributos constitui a principal fonte de financiamento das políticas sociais. E um terceiro, composto por Itália, Espanha e Países Baixos, em que há uma combinação dos

122 NECESSIDADES HUMANAS: Subsídios à crítica dos mínimos sociais

"princípios da contributividade e da fiscalidade", na qual "o sistema contributivo divide crescentemente com o Estado o financiamento de prestações e serviços como o de saúde" (Cabrero, 1997:17). Por fim, Portugal e Grécia desenvolvem esquemas de proteção social ainda pouco maduros, não obstante o incremento crescente verificado.

Se agruparmos, como sugere Cabrero (1997), os diferentes esquemas mencionados em dois grandes blocos, defrontaremos uma relativa convergência de dois tradicionais sistemas de proteção social, antes contrapostos: o *bismarckiano*, ou *modelo profissional* de Seguridade Social, baseado no contrato e no princípio da contributividade, e o *beveridgiano*, ou *modelo de solidariedade social*, defensor de mínimos sociais garantidos como direitos de todos, independentemente de contribuição.

Entretanto, ressalta Cabrero (1997), da variedade de esquemas de proteção social na União Européia, existem problemas comuns que polarizam a atenção dos países membros e consomem a maior parte dos seus gastos, tais como a velhice — que exige pensões e serviços de saúde em escala crescente — e o desemprego estrutural (associado à exclusão social), que não apresenta sinais de reversão. Como conseqüência, os países europeus sem distinção, tal como ocorre no resto do mundo, vêem-se às voltas com fortes pressões financeiras e com o problema de déficit público, os quais passam a assumir posição prioritária na agenda política dos governos. Daí as reformas introduzidas no sistema fiscal, o corte nos gastos sociais e a transformação de políticas sociais universais em medidas seletivas e focalizadas na pobreza, ironicamente chamadas de políticas de "nova geração".

No bojo dessas mudanças de corte regressivo, destaca-se uma terceira convergência, apontada por Cabrero (1997): a modificação do Estado de Bem-Estar Social, que se reorienta para avaliar políticas sociais residuais.

Estreitamente relacionada com essa terceira convergência, desponta uma quarta, resgatada do "modelo latino" (Abrahamson, 1992) de proteção social, que vigorava e ainda vigora nos países do sul da Europa. Nela, impera a importân-

BREVE HISTÓRICO DAS POLÍTICAS DE SATISFAÇÃO DE NECESSIDADES BÁSICAS   **123**

cia da família como fonte privilegiada de proteção e como unidade de cálculo das prestações de bem-estar — em detrimento da unidade individual —, não obstante as mudanças observadas na estrutura familiar moderna.

Portanto, se em 1992 foi aprovado pela UE um conjunto de objetivos e políticas convergentes de proteção social que tinha em vista: "a garantia de um mínimo de recursos econômicos e cobertura de saúde a todas as pessoas domiciliadas legalmente na UE; a integração social de todos os residentes na UE com promoção do acesso ao mercado de trabalho de todos com capacidade e idade para tanto; e a garantia a todo trabalhador, ao final de sua vida laboral ou na interrupção desta (por aposentadoria, incapacidade, enfermidade ou desemprego), de uma renda de substituição, levando em conta as suas contribuições e a necessidade de cobertura de um mínimo vital para levar uma vida condigna" (Cabrero, 1997:17-18), hoje o cenário é outro. Baseadas nas limitações do Estado de Bem-Estar, as discussões correntes privilegiam a problemática econômica do sistema de proteção social e os custos que ela provoca, semeando, concomitantemente, dúvidas a respeito da validade moral de se manterem protegidos cidadãos capazes de trabalhar, embora involuntariamente alijados do mercado de trabalho.

Entretanto, diante da magnitude da exclusão social, as políticas sociais — particularmente a assistência — encontram cada vez mais justificação. Este parece ser o dilema que alimenta o debate sobre o futuro do Estado de Bem-Estar nos países capitalistas centrais, pois, se deixados no abandono, os excluídos podem gerar *trade offs* insuperáveis, que ameaçarão a estabilidade econômica e política da região como um todo.

Daí a recente preocupação internacional em encontrar respostas que diminuam essas ameaças, o que, na opinião de vários analistas, requer um nível superior de coordenação política, acima dos Estados nacionais, que supere o marco limitado da complementaridade ou do "jeitinho" (*muddling through*) encontrado por cada país para enfrentar os seus problemas estruturais. Mas isso ainda é uma idéia.

O que predomina atualmente é a ênfase na assistência social sem o devido vínculo orgânico com as demais políticas sociais e econômicas, a qual, não obstante convergente em vários aspectos com estas políticas, assume características distintas em diferentes experiências nacionais.

Para melhor destacar essas distinções, apresentamos no Anexo nº 3 um quadro que explicita o tipo de assistência social desenvolvido nos países do Primeiro Mundo, de acordo com a classificação apresentada por Ditch e Oldfield (*consolidators*, *extenders* e *innovators*).

A seguir nos deteremos no histórico da proteção social brasileira que, por apresentar similaridades com a experiência latino-americana, da qual faz parte, será também considerada um caso representativo dessa região.

CAPÍTULO VII

Políticas de satisfação de necessidades no contexto brasileiro

7.1. A EXPERIÊNCIA BRASILEIRA DE PROTEÇÃO SOCIAL DIMENSIONADA EM PERÍODOS HISTÓRICOS

No Brasil, as políticas sociais tiveram a sua trajetória em grande parte influenciada pelas mudanças econômicas e políticas ocorridas no plano internacional e pelos impactos reorganizadores dessas mudanças na ordem política interna (Lavinas e Varsano, 1997). Mas tais influências e impactos ajudaram, ao invés de dificultar, a produzir uma experiência nacional, que pode ser tipificada como um "sistema de bem-estar periférico".

Diferente, pois, das políticas sociais dos países capitalistas avançados, que nasceram livres da dependência econômica e do domínio colonialista, o sistema de bem-estar brasileiro sempre expressou as limitações decorrentes dessas injunções.

Assim, a proteção social no Brasil não se apoiou firmemente nas pilastras do pleno emprego, dos serviços sociais universais, nem armou, até hoje, uma rede de proteção impeditiva da queda e da reprodução de estratos sociais majoritários da população na pobreza extrema. Além disso, dada

126 NECESSIDADES HUMANAS: Subsídios à crítica dos mínimos sociais

a fragilidade das instituições democráticas nacionais, a política social brasileira teve seus momentos de expansão justamente nos períodos mais avessos à instituição da cidadania: durante os regimes autoritários[36] e sob o governo de coalizões conservadoras. Isso deu ensejo à prevalência de um padrão nacional de proteção social com as seguintes características: ingerência imperativa do poder executivo; seletividade dos gastos sociais e da oferta de benefícios e serviços públicos; heterogeneidade e superposição de ações; desarticulação institucional; intermitência da provisão; restrição e incerteza financeira.

É por isso que, comparado com os modelos de Estados de Bem-Estar constantes das tipologias construídas por vários estudiosos, a partir de Titmuss[37], o caso brasileiro afigura-se como um misto ou combinação de elementos presentes

---

36. Três são os motivos que encontramos para essa tendência: a) os governos autoritários procuravam "mostrar serviço" para justificar sua ação interventora, anunciada como revolucionária; b) encobrir a dureza do regime de exceção; c) distribuir bens e serviços para não ter que distribuir poder.

37. Segundo Titmuss (1974), três são os principais modelos de Estado de Bem-Estar que podem ser encontrados simultaneamente no mesmo momento histórico e num mesmo contexto nacional:

a. o *residual*, no qual o mercado e a família têm a primazia da oferta da proteção social;

b. o *industrial*, no qual o mérito do trabalhador, avaliado pelo seu desempenho e produtividade, constitui o principal critério de acesso à proteção social;

c. o *institucional*, no qual o Estado constitui o principal agente de regulação e provisão sociais.

Esta classificação permanece útil até hoje, tendo servido de referência a outros autores que, como Esping-Andersen, têm procurado aperfeiçoá-la. Assim, Esping-Andersen (1991) apresenta uma tipologia que, sem se interessar pela identificação do avanço ou do atraso do padrão de política social prevalecente, privilegia os regimes ou ideologias políticas as quais informam os diferentes Estados de Bem-Estar, como segue:

a. Estados de Bem-Estar de regimes liberais, nos quais o mercado assume a primazia;

b. Estados de Bem-Estar de regimes conservadores, nos quais são preservados o *status quo*, a hierarquia social e as diferenças de classe. Geralmente tais Estados "têm a sua origem em regimes autoritários ou pré-democráticos que usam as políticas sociais como forma de desmobilizar a classe trabalhadora" (Pierson, 1991:187);

c. Estados de Bem-Estar de regimes social-democratas, nos quais prepondera o Estado como principal agente de proteção social e de garantia de direitos.

BREVE HISTÓRICO DAS POLÍTICAS DE SATISFAÇÃO DE NECESSIDADES BÁSICAS 127

na classificação de Esping-Andersen (1991), a saber: intervenções públicas tópicas e seletivas — próprias dos *modelos liberais* —; adoção de medidas autoritárias e desmobilizadoras dos conflitos sociais — típicas dos *modelos conservadores* —; e, ainda, estabelecimento de esquemas universais e não contributivos de distribuição de benefícios e serviços — característicos dos regimes social-democratas. E tudo isso foi mesclado às práticas clientelistas, populistas, paternalistas e de patronagem política, de larga tradição no país.

Para tornar mais explícitas as peculiaridades da experiência brasileira no campo das políticas de satisfação de necessidades básicas, tal experiência será, para efeitos analíticos, dividida em cinco períodos históricos e denominada, em cada um deles, de acordo com o perfil de regulação política, econômica e social prevalecente. Assim, *grosso modo*, podemos adotar a seguinte periodização[38]:

1. período anterior a 1930: política social do *laissez-faire*;

2. de 1930-1964: política social predominantemente populista, com laivos desenvolvimentistas;

3. de 1964-1985: política social do regime tecnocrático-militar, incluindo a fase da abertura política;

4. de 1985-1990: política social do período de transição para a democracia liberal;

5. a partir dos anos 90: política social neoliberal.

7.1.1. O período laissefariano

Antes de 1930, a economia brasileira era agroexportadora e o sistema político caracterizado pela ausência de planejamento social. O Estado quase não exercia o papel de agente regulador da área social e, portanto, não geria o processo de provisão social, deixando esse mister com as seguintes instâncias: o *mercado* — que atendia a preferências e demandas individuais —; a *iniciativa privada não mercantil* — que dava

---

38. Esta periodização foi adotada por Pereira em sua tese de doutorado (1987).

respostas tópicas e informais aos reclamos da pobreza —; e a *polícia*, que controlava, repressivamente, a questão social então emergente. Data dessa época a frase do então presidente da República Washington Luís, que se tornou famosa e emblemática do estilo brasileiro de dar respostas aos reclamos sociais: "A questão social é questão de polícia".

Efetivamente, a ação do Estado perante as necessidades sociais básicas limitava-se, nesse período, a reparações tópicas e emergenciais de problemas prementes ou a respostas morosas e fragmentadas a reivindicações sociais dos trabalhadores e de setores populacionais empobrecidos dos grandes centros urbanos.

No conjunto das políticas sociais as áreas que mereceram maior atenção foram o trabalho e a previdência, mas, mesmo assim, de forma limitada e precária. Dentre as principais medidas adotadas, destacam-se: criação, em 1923, dos Departamentos Nacionais do Trabalho e da Saúde, do Código Sanitário, da Lei Elói Chaves — relativa à previdência social —, além de uma legislação esparsa, de efeito mais retórico do que prático, voltada para a regulação e a provisão de contingências ligadas ao trabalho — acidentes, férias, trabalho do menor e da mulher, velhice, invalidez, morte, doença, maternidade.

As demais áreas, como saúde, educação e habitação, tiveram um tratamento residual.

No âmbito da saúde, as estratégias de ação coletiva foram assumidas por autoridades locais por força de situações calamitosas, como as epidemias.

No campo da educação, a rede escolar existente estava a serviço da elite, que valorizava uma aprendizagem ornamental e academicista. Os movimentos democratizantes ensaiados nesse período, como o "Escola Nova", não ganharam firmeza nem expressão nacional.

No terreno da habitação, as medidas mais significativas foram assumidas pelas empresas industriais (construção de vilas operárias, creches, restaurantes), como mecanismo extra-econômico de reforço à reprodução da força de trabalho e às estratégias de rebaixamento do salário do trabalhador.

BREVE HISTÓRICO DAS POLÍTICAS DE SATISFAÇÃO DE NECESSIDADES BÁSICAS 129

Tinha-se, portanto, no período *laissefariano*, uma política social na qual nem um mínimo de renda como provisão ínfima, de estilo liberal, era contemplado.

7.1.2. O período populista/desenvolvimentista

O período que vai de 1930 a 1964 engloba vários subperíodos e governos, que podem ser assim dimensionados:

- 1930-1937: governo Vargas, instituído por meio de uma "revolução pelo alto";
- 1937-1945: governo Vargas, que cria o chamado Estado Novo, de cunho ditatorial;
- 1945-1950: governo Dutra, da chamada fase da *redemocratização*;
- 1950-1954: governo Vargas, reassumido por meio de eleições diretas;
- 1954-1956: governos provisórios que preencheram o interstício entre o governo Vargas (que se suicidou, em 1954, durante o mandato) e o governo Kubitschek;
- 1956-1961: governo Kubitschek, da fase desenvolvimentista;
- 1961-1964: governos Jânio Quadros (que durou apenas sete meses) e João Goulart (defensor de reformas de base).

Do ponto de vista econômico a principal característica do período foi a passagem da economia agroexportadora para a urbano-industrial. Mas esta mudança econômica não foi acompanhada de igual impulso no campo social. A ausência de planificação central, mesmo que indicativa[39], continuou sendo a marca da proteção social brasileira até 1954.

---

39. Planificação indicativa é aquela em que a ação estatal é basicamente indireta, operando sobretudo por meio de instrumentos de política econômica, a saber: *fiscais* (impostos e gastos com empréstimo público); *monetários* (controle da moeda); e *automáticos* (imposto de renda progressivo etc.). Esta espécie de planificação é diferente da planificação direta na qual o Estado assume ação reguladora explícita (ver Luiz Pereira, 1974).

Em 1934 houve um arremedo de planejamento central com a criação do Conselho de Comércio Exterior; mas, nesse arremedo, apenas os aspectos econômicos foram contemplados: problemas relacionados aos sistemas econômico, financeiro e administrativo, articulados com problemas surgidos nas relações comerciais com o exterior.

Embora a questão social não fosse mais considerada uma questão de polícia, ela não foi alçada a questão de política maior que merecesse a mesma atenção que o governo dispensava à área econômica. Na verdade, a política social brasileira desse período, não obstante encampada pelo Estado, funcionava, no mais das vezes, como uma espécie de *zona cinzenta*, onde se operavam barganhas populistas entre Estado e parcelas da sociedade e onde a questão social era transformada em querelas reguladas jurídica ou administrativamente e, portanto, despolitizada.

De 1954 a 1964 o planejamento central passou a ser valorizado, mas, nele, os aspectos sociais continuaram marginais. Quando esses aspectos eram contemplados, ficavam sempre a serviço da rentabilidade econômica e do crescimento industrial, como aconteceu no governo de Juscelino Kubitschek, que incluiu a educação no seu Plano de Metas com o objetivo de preparar recursos humanos para a indústria de bens de consumo duráveis.

A subordinação dos valores da eqüidade e da justiça social aos interesses da maximização econômica impediu que o envolvimento estatal na regulação e na provisão sociais viesse a significar ponderável mudança no padrão da política social herdado do período anterior. Efetivamente, entre 1930 e 1964, não houve, no terreno social, um rompimento decisivo com o *laissez-faire* nem com a antiga estrutura do poder oligárquico da era agro-exportadora. Tinha-se, de fato, uma política social *ad hoc*, apesar de sua crescente regulamentação formal. Essa tendência prevaleceu, inclusive, na fase da redemocratização (de 1945 a 1950) e nos governos cujos representantes diziam prezar os ideais democráticos.

As principais medidas de proteção social desse período foram:

BREVE HISTÓRICO DAS POLÍTICAS DE SATISFAÇÃO DE NECESSIDADES BÁSICAS   131

Na década de 30: criação do Ministério do Trabalho, Indústria e Comércio, da Carteira do Trabalho, da Legislação Trabalhista, do Ministério da Educação e Saúde e dos Institutos de Aposentadoria e Pensão; promulgação da Constituição Federal de 1934, que contemplou tanto os ideais do liberalismo político quanto os do reformismo econômico; imposição pelo Estado Novo da Constituição de 37, inspirada nos modelos constitucionais corporativo-fascistas; e criação do Conselho Nacional de Serviço Social, em 1938 (ligado ao Ministério da Educação e Saúde), com o objetivo de normatizar e fiscalizar as ações de assistência social, preponderantemente desenvolvidas por entidades privadas.

Na década de 40, durante o governo Vargas: instituição do salário mínimo[40]; reestruturação do Ministério da Educação e Saúde; promulgação da Consolidação das Leis do Trabalho (CLT); criação do imposto sindical, do Serviço de Alimentação da Previdência Social (SAPS), de nova legislação sobre acidentes de trabalho, do Serviço Especial de Saúde Pública (SESP) — implantado em regiões insalubres (Amazônia e Minas Gerais), que constituíam fontes de matérias-primas (borracha, mica, quartzo) utilizadas pelos aliados na

---

40. O salário mínimo foi a primeira medida oficial instituída no país relacionada à idéia de proteção social mínima, já veiculada em vários países estrangeiros. Tanto é que o Brasil foi o 12° país do mundo — embora um dos primeiros da América Latina — a incorporar na sua Constituição (a de 1934) um dispositivo que previa o direito de todo trabalhador a receber um salário não inferior a um certo valor. Para definir esse valor, Comissões de Salário Mínimo foram instituídas pela Lei n° 185, de 14 de janeiro de 1936, regulamentada pelo Decreto-Lei n° 399, de 30 de abril de 1938, com o objetivo de realizar estudos a respeito das "necessidades normais" do trabalhador, dos quais resultou o seguinte conceito de salário mínimo: "É a remuneração mínima devida a todo trabalhador adulto, sem distinção de sexo, por dia normal de serviço e capaz de satisfazer, em determinada época, na região do país, as suas necessidades normais de alimentação, habitação, vestuário, higiene e transporte". Tal medida, contudo, apesar de parecer avançada (e assim foi veiculada por ocasião da fixação dos primeiros níveis salariais, com base no Decreto-Lei n° 2.162, de 1° de maio de 1940), continha as seguintes restrições: referia-se às necessidades individuais do trabalhador, não incluindo a família; deixava de lado necessidades sociais como a educação e o lazer; estabelecia níveis distintos de salário em diferentes regiões; e os estudos realizados pelas Comissões não procuraram conhecer os custos dos bens e serviços essenciais, mas os níveis salariais mais baixos existentes no país, para tomá-los como referência do salário mínimo (*Retrato do Brasil*, 1984).

Segunda Guerra Mundial —, do Departamento Nacional da Criança, da Comissão Nacional de Alimentação, do Serviço Social do Comércio (SESC), do Serviço Nacional de Aprendizagem Comercial (SENAC), do Serviço Social da Indústria (SESI), do Serviço Nacional de Aprendizagem Industrial (SENAI), da Lei Orgânica do Ensino Comercial e da Fundação da Casa Popular.

Na década de 40, durante o governo Dutra: promulgação da Constituição Federal de 1946 (defensora dos ideais liberais) e criação, com posterior esvaziamento, do Plano SALTE (Saúde, Alimentação, Transporte e Energia), o primeiro a incluir setores sociais como saúde e alimentação.

Na década de 50, durante o governo Vargas: ênfase no planejamento central, com resgate da retórica nacionalista, em oposição ao liberalismo burguês da era Dutra. Houve, também, adesão às concepções e às idéias inovadoras a respeito da industrialização periférica difundidas pela Comissão Econômica para a América Latina (CEPAL). Mas a ação planificadora continuou centrada na economia, como pode ser conferido com a criação do Plano de Reaparelhamento Econômico, ou Plano Lafer. Ao lado disso, o salário mínimo, após oito anos de congelamento, foi aumentado, sofrendo ajustes periódicos sem, contudo, recuperar as perdas salariais. Com o incentivo ao crescimento e à diversificação industrial presenciou-se também, nessa década, a produção de bens intermediários e de capital, o que intensificou a intervenção do Estado na economia e na sociedade. Daí a criação de grandes empresas estatais: a Petrobrás, a Eletrobrás e o então Banco Nacional de Desenvolvimento Econômico — BNDE (hoje Banco Nacional de Desenvolvimento Econômico e Social — BNDES).

Na década de 50, durante o governo Kubitschek: destaque da retórica internacionalista que reforça a implantação de um novo padrão de investimento do capital externo no Brasil, devido ao término da reconstrução das economias devastadas pela guerra e a competição entre os países industrializados em busca de novos mercados. Como é dado observar, a meta econômica permanece prioritária. Centrado nela, o governo acalenta ambições mais amplas, como a de atrair o capital estrangeiro para o país, consolidando assim o capitalismo dependente nacional. No rol desses interesses, a política social só tem serventia como investimento em capital humano, como aconteceu com a inclusão da educação no Plano de Metas e com o apoio governamental aos programas de *desenvolvimento de comunidade*, em contraposição ao progressismo e à autonomia relativa dos países latino-americanos, defendida pela CEPAL. As interferências de agências internacionais, notadamente norte-americanas, na economia do país foi notória nesse governo, bem como as realizações faraônicas, que neutralizavam as escassas gestões governamentais no campo das políticas sociais. Neste particular, vale registrar que houve, no governo Kubitschek, o início do deslocamento do eixo trabalhista, privilegiado por Vargas, para as demais áreas sociais, mas sem grande expressão. Vale registrar, ainda, a preocupação governamental com questões regionais, o que explica a criação da Superintendência do Desenvolvimento do Nordeste (SUDENE), e a criação do Conselho Nacional de Desenvolvimento — com a missão de estudar os problemas nacionais e equacioná-los no prazo de cinco anos —, bem como a construção de Brasília (o grande símbolo do progresso no interior do país).

Na década de 60 (até 1964), com os governos Quadros e Goulart: estagnação econômica, herdada do período anterior (endividamento externo, de difícil liquidação, incapacidade de inversões privadas em novas atividades produtivas e pressão inflacionária) e intensa mobilização das massas em torno de pleitos por reformas socioeconômicas. No governo Goulart (Quadros ficou apenas sete meses na Presidência da República) foi elaborado o Plano Trienal contemplando Reformas Institucionais de Base — administrativa, bancária, fiscal e agrária. Além disso, foram adotadas as seguintes medidas no campo do trabalho: criação do Estatuto do Trabalhador, da Confederação dos Trabalhadores da Agricultura (CONTAG), do 13º salário, do salário-família para o trabalhador urbano e a promulgação da Lei Orgânica da Previdência Social (LOPS), visando à uniformização de benefícios e serviços prestados

NECESSIDADES HUMANAS: Subsídios à crítica dos mínimos sociais

pelos antigos IAPs, priorizando a padronização da qualidade da assistência médica. Contudo, a cobertura previdenciária prevista na LOPS atendia apenas os trabalhadores sob o abrigo da CLT, deixando de fora os trabalhadores rurais e domésticos.

No campo da educação, merece referência a criação da Lei de Diretrizes e Bases, do Programa de Alfabetização de Adultos (baseado no método Paulo Freire) e do Movimento de Educação de Base (MEB). E, no campo da saúde, houve a transformação do Serviço Especial de Saúde Pública em Fundação e a criação de um novo Código Sanitário, com uma visão mais orgânica de saúde. A política habitacional não mereceu grande atenção.

Apesar de curto, esse governo apresentou uma proposta mais progressista de política social e uma intenção deliberada de intervir nas bases de políticas e instituições estratégicas. Entretanto, o intento governamental de realizar reformas de base, reivindicadas pela sociedade, e mudanças no sistema eleitoral, na organização urbana, na educação superior e na relação prevalecente do país com o capital estrangeiro, provocou inquietações conservadoras, levando a burguesia industrial e a classe média (que temiam o socialismo) a se rearticularem com as velhas forças agromercantis para agir contra Goulart. Resultado: o golpe militar de 1964 e a inauguração de um outro padrão (autoritário) político-administrativo no país.

7.1.3. O período tecnocrático-militar

Como o anterior, o período que vai de 1964 a 1985 compreende vários subperíodos e governos, apesar de sua identificação comum com o autoritarismo e com o regime de exceção que, por vinte anos, vigorou no país. Tais subperíodos podem ser assim dimensionados:

- 1964-1966: governo Castelo Branco, que instituiu o modelo autoritário, rompendo com a prática populista/desenvolvimentista anterior;

BREVE HISTÓRICO DAS POLÍTICAS DE SATISFAÇÃO DE NECESSIDADES BÁSICAS 135

- 1967-1969: governo Costa e Silva, que afirmou o modelo autoritário e preparou o caminho para a sua continuidade;
- 1970-1973: governo Médici, que aprofundou e enrijeceu o modelo autoritário;
- 1974-1979: governo Geisel, que vivenciou o início da abertura política;
- 1980-1985: governo Figueiredo, que participou da continuidade da abertura política.

Das principais características verificadas no período, ressalta em primeiro lugar a que expressa uma nítida modificação no conteúdo do Estado, o qual deixa de ser uma organização eminentemente populista para tornar-se tecnocrática e centralizada, fundada em um "restrito pacto de dominação entre elites civis e militares, sob os aplausos das classes médias assustadas com o turbulento período anterior" (Tavares e Assis, 1985:11).

As reformas institucionais que acompanharam essa modificação resultaram na reestruturação da máquina estatal, privilegiando o planejamento direto, a racionalização burocrática e a supremacia do saber técnico sobre a participação popular. Foi o que aconteceu com as reformas financeira, fiscal e administrativa; com a instituição do novo sistema de inteligência militar — Serviço Nacional de Informações (SNI); com a remodelação partidária e com o anúncio de reformas sociais, em resposta às reivindicações populares, que ainda se encaminhavam ao Estado nos três primeiros anos da intervenção militar, quando ainda não tinha se definido o modelo econômico e político que vigoraria a partir de 1967.

Definidos nesse ano, o modelo econômico — que se revelou concentrador e excludente — e a direção política autoritária — que renegou o liberalismo conservador, inicialmente adotado —, explicitaram-se no país as seguintes tendências: menosprezo pelas massas (só cortejadas a partir de 1974, com a distensão política); valorização do capital estrangeiro (em continuidade à política internacionalista de Juscelino Kubitschek); e a concepção de política social como uma decorrência do desenvolvimento econômico. Ao lado disso, privilegiou-se a industrialização de bens de consumo duráveis, comandada pelo Estado, bem como a intervenção deste na economia e na sociedade, materializada nas seguintes medidas: arrocho salarial; redução das inversões públicas; controle do crédito, do aparelho arrecadador e do sistema tributário; estatização de áreas de infra-estrutura, de indústria pesada e de insumos básicos (de interesse dos investidores estrangeiros); esvaziamento do poder de pressão dos sindicatos e de suas funções específicas; proibição de greves e substituição da Justiça do Trabalho pelo Executivo federal no processo de decisão dos reajustamentos salariais.

Assim, de par com medidas que visavam, num primeiro momento, sanear a economia herdada dos governos civis e, num segundo, acelerar o crescimento econômico (aproveitando a base industrial já existente desde os anos 50), passaram a prevalecer formas de usurpação do poder do Judiciário, do Legislativo e da sociedade organizada.

Esse foi o contexto econômico e político em que se registrou uma modalidade de política social contrária à prática do populismo, mas nem por isso privilegiada no planejamento governamental então valorizado.

Entre 1964 e 1967, embora tenha sido decretado o Estatuto da Terra e se falasse em "produtividade social", quase nada de novo foi desenvolvido na área social. Nesses três primeiros anos do regime tecnocrático-militar, deu-se continuidade aos programas e projetos da era populista ou, quando muito, concretizaram-se velhas idéias, reformulando-se medidas preexistentes no campo do trabalho, em benefício do capital. Tratava-se, portanto, de uma política social que, no limite, tornou-se extensão da política econômica, como foi o caso do Fundo de Garantia do Tempo de Serviço (FGTS). Ademais, tal política ficava fora do planejamento central, por ser um estratégico investimento informal em recursos humanos e instrumento de legitimação do poder estatal, especialmente perante a classe média.

Ao ser definido o modelo econômico e político a partir de 67, a política social deixou de configurar um simples com-

BREVE HISTÓRICO DAS POLÍTICAS DE SATISFAÇÃO DE NECESSIDADES BÁSICAS 137

plemento ou extensão da economia e se afirmou como um meio importante de acumulação de riquezas. Os programas sociais que passaram a ser desenvolvidos desde então tinham como objetivo prioritário atender aos interesses específicos da economia de empresa, embora integrassem a ação estatal. Ou seja, embora públicos na sua gestão, tais programas tiveram a sua execução privatizada.

Até 1974 os governos militares foram fundo na persecução da eficiência econômica e na defesa do sistema capitalista, optando por usar a repressão cruenta aos direitos civis e políticos para alcançar essa meta. Só a partir de 1975 é que, emaranhado nos desacertos internos e externos desse propósito, tais governos demonstraram, ao lado do crescimento relativo obtido na área econômica, uma inusitada preocupação com os mais pobres.

Efetivamente, o subperíodo compreendido entre os anos 1974-1979 correspondeu ao mais expressivo esforço governamental (desde o Plano de Metas, de Kubitschek) de imprimir modificações na economia brasileira e de ampliar o escopo da política social, dotando-a, inclusive, de "objetivo próprio". Mas esse esforço, além de fazer parte de um projeto governamental mais amplo de elevar o Brasil à categoria de potência emergente, tinha um objetivo estratégico bem específico: reaproximar o Estado da sociedade, principalmente das massas, para manter os governantes de um regime em franco desgaste como "atores políticos viáveis". Eis por que, simultaneamente com as promessas de volta à "normalidade institucional" e de implantação (mesmo que "prudente e gradual") de medidas liberalizantes, a preocupação com a pobreza tornou-se um tema recorrente no discurso oficial, pois era por essa via que o governo pretendia descomprimir o regime autoritário sem que fosse preciso destruir os seus principais instrumentos de exceção (o Ato Institucional nº 5 — AI5 — e todo o arsenal de legislação congênere criado a partir de 68). Dito de outra forma: a propalada distensão do regime, muito embora prometesse o resgate das liberdades democráticas, mostrava-se, desde o início, inclinada a realizar-se por meio da distribuição super-regulada de bens e serviços de conteúdo social. É o que pode ser depreendido dos primeiros pronunciamentos do presidente Geisel nos quais ficou clara a sua intenção de manter os instrumentos de exceção mencionados "como potencial de ação repressiva ou de contenção mais enérgica (...) até que sejam superados pela imaginação criadora, capaz de instituir, quando oportuno, salvaguardas eficazes dentro do contexto institucional" (Geisel, *apud* Lessa, 1978).

Tal intenção, porém, encontrou obstáculos à sua realização. O II Plano Nacional de Desenvolvimento (II PND), concebido originalmente para guiar toda a ambiciosa estratégia governamental, perdeu fôlego antes do tempo e foi praticamente desativado em meados de 76. A partir daí o governo passou a orientar-se por critérios administrativos mais ortodoxos e a criar medidas tópicas, embora premeditadas, de ajustamento do regime às contradições que se agudizavam com os descaminhos do II PND. Desde então, até 1985, as políticas sociais funcionaram como uma espécie de "cortina de fumaça" para encobrir as verdadeiras intenções de um regime que relutava em sair de cena, tornando mais fugaz a pretensão de ao menos criar aquele mínimo de bem-estar alcançado pelas democracias liberais-burguesas.

Nesse período, portanto, destacam-se as seguintes medidas sociais:

- Entre 1964 e 1966, sob o governo Castelo Branco: adoção do Programa de Ação Econômica do Governo (PAEG), mediante o qual foram criados o Banco Nacional de Habitação, o Instituto Nacional de Previdência Social (INPS) e o Fundo de Garantia do Tempo de Serviço (FGTS), como a mais profunda alteração das relações trabalhistas, implicando a extinção da estabilidade no trabalho.

- Entre 1967 e 1969, sob o governo Costa e Silva: criação do Plano Estratégico de Desenvolvimento (PED) em meio a um espetacular crescimento econômico, rotulado de "milagre", e a um maior endurecimento do regime autoritário com a decretação do AI5.

BREVE HISTÓRICO DAS POLÍTICAS DE SATISFAÇÃO DE NECESSIDADES BÁSICAS   139

Nesse subperíodo a política social esteve mais fortemente submetida ao critério da rentabilidade econômica, negligenciando sobremaneira qualquer intento de satisfação de necessidades básicas. Casos exemplares foram: o do BNH, que passou a atender mais à classe média; o do INPS, que passou a sustentar a iniciativa privada da assistência médica; e o da política educacional, que teve como principal função preparar recursos humanos para o desenvolvimento econômico. Isso sem falar da intensificação da interferência de Agências Internacionais na definição de políticas sociais economicamente rentáveis, contribuindo, assim, para produzir as seguintes conseqüências: aumento da desigualdade social e recrudescimento de movimentos sociais autonomizados que foram alvo de forte repressão estatal.

- Entre 1970 e 1973, sob o governo Médici: instituição de dois Planos de Governo — Metas e Bases para a Ação do Governo, que vigorou de 1970 a 1971, e I Plano Nacional de Desenvolvimento (I PND), com vigência de 1972 a 1974. Neste subperíodo, caracterizado pelo auge do "milagre econômico", iniciado em 1968, a autoconfiança do regime autoritário se fortaleceu. Tanto que, nessa ocasião, a bandeira do liberalismo conservador levantada pelo primeiro governo militar — Castelo Branco — foi relegada ao abandono em troca da explicitação do regime de exceção. Estes foram alguns dos mais tirânicos anos da história da repressão política brasileira, nos quais se aprofundaram, simultaneamente, as relações do Estado com o capital estrangeiro e o fosso na relação entre esse mesmo Estado e a maioria da população.

Isso explica por que o Estado, apoiado no Programa de Metas e Bases para a Ação do Governo (1970-1971), quase não se preocupou com a pobreza, que se avolumava, ou, quando o fez, condicionou a sua eventual resolução ao desenvolvimento de projetos econômicos faraônicos, que procuravam queimar etapas de crescimento. Assim, onde quer que surgissem mobilizações populares por reformas sociais, o Estado

140   NECESSIDADES HUMANAS: Subsídios à crítica dos mínimos sociais

respondia de forma repressora e com projetos de "grande impacto", como passaram a ser conhecidas as construções da hidrelétrica de Itaipu, da rodovia Transamazônica, etc.

Tal procedimento estatal torna-se mais evidente diante da questão agrária, das disparidades regionais e da necessidade governamental de proteger o grande capital à custa do trabalho.

Em relação à questão agrária não foram feitas alterações nas condições de posse e uso da terra, como constava, figurativamente, no Estatuto da Terra promulgado em 1964 por Castelo Branco. Ao contrário, foram criadas medidas políticas que implicavam aumento substancial da produtividade no setor. Essa foi a diretriz que orientou a criação do Programa de Redistribuição de Terras e de Estímulo à Agricultura do Norte e do Nordeste (PROTERRA), bem como o Fundo do Trabalhador Rural para a Previdência Social (FUNRURAL). Este fundo, fugindo à concepção contratual de seguro social, afigurou-se como uma inovação no campo da previdência, visto que os seus recursos não advinham de contribuições do beneficiário, mas da tributação dos produtos agrícolas consumidos nas áreas urbanas. Entretanto, esse programa — o único de feição redistributiva — foi desativado em 1977.

Para enfrentar o problema das disparidades regionais, foi criado, em 1970, o Programa de Integração Nacional (PIN), com o objetivo de realizar a conexão física de áreas geográficas consideradas economicamente deprimidas (Amazônia e Nordeste) a outras unidades da Federação, mediante vias internas de superfície e melhoria dos transportes e das comunicações. Data dessa época a construção das rodovias Transamazônica, Cuiabá—Santarém e Perimetral Norte, além de um plano de irrigação para o Nordeste e de propostas de colonização e de exploração econômica de áreas desapropriadas ao longo dessas rodovias.

No que tange à proteção do capital à custa do trabalho, foi criado o Programa de Integração Social (PIS), em 1970, e, três meses depois, o Programa de Formação do Patrimônio do Servidor Público (PASEP), os quais representavam mais um mecanismo de poupança a serviço da reprodução do ca-

BREVE HISTÓRICO DAS POLÍTICAS DE SATISFAÇÃO DE NECESSIDADES BÁSICAS   **141**

pital e da harmonia entre capital e trabalho do que uma tentativa de integração do trabalhador ao desenvolvimento econômico. Ou melhor, com o PIS e o PASEP a política trabalhista deixou de ser uma questão política para transformar-se em um arranjo administrativo calculado.

Essa tendência, valorizadora do planejamento, tornou-se mais bem definida com o I Plano Nacional de Desenvolvimento — I PND (1972-1974), o qual insinuava ser o primeiro de uma série dentro de um propósito continuísta do regime. Portanto, este plano não fez mais do que implementar e procurar garantir a eficácia dos projetos de "grande impacto" criados nos dois primeiros anos do governo Médici, se bem que tivessem sido adotadas algumas políticas sociais compensatórias. Neste particular, observa-se maior preocupação governamental com a população de baixa renda, cujo aumento tornou-se conhecido com a divulgação do Censo de 1970, do Instituto Brasileiro de Geografia e Estatística (IBGE), e das Pesquisas Nacionais por Amostra de Domicílios (PNADs) subseqüentes. Assim, além da incorporação no sistema previdenciário urbano de ocupações não reguladas pela CLT (os autônomos e empregados domésticos), foram feitos investimentos na educação, saúde, habitação, nutrição com a adoção das seguintes medidas direcionadas aos mais pobres: criação da Central de Medicamentos (CEME) e do Programa de Assistência Social ao Trabalhador Rural, por intermédio do FUNRURAL; formação de um fundo social para atingir, no tocante ao problema da moradia, famílias de renda inferior às atendidas pelo Sistema Financeiro de Habitação; implementação de programas semiprofissionalizantes; lançamento da Operação Escola, que visava à efetiva universalização do ensino do 1º grau; e atenção ao pré-escolar mediante programas de saúde e de educação alimentar.

Tais iniciativas, contudo, apesar de suas abordagens relativamente novas, vinculavam-se a propósitos de manutenção do poder da elite dirigente e da garantia de altas taxas de crescimento econômico, seja tentando transformar cidadãos em clientes das políticas sociais — já que os direitos civis e políticos continuavam cerceados —, seja utilizando os próprios investimentos sociais como forma de aumentar a participação do trabalho na acumulação da renda nacional.

- *Entre 1974 e 1979*, sob o governo Geisel: este subperíodo da história política do país regeu-se pelo II Plano Nacional de Desenvolvimento (II PND), que apresentou pelo menos dois momentos distintos na sua trajetória:

a. O primeiro foi o período compreendido entre 1974 e 1976, quando o Brasil, concebido como uma "ilha de prosperidade", seria submetido a uma experiência de reedição do "milagre econômico" de 1968-1972, contra todos os indícios histórico-estruturais desfavoráveis. Efetivamente, em 1974 ocorria o ocaso do referido "milagre", devido, em grande parte, ao atraso no setor industrial de bens de produção e de alimentos, à forte dependência nacional do petróleo internacional, à aceleração da inflação e ao déficit no balanço de pagamentos. Mas, apesar disso, Geisel pretendia adotar uma estratégia de desenvolvimento assentada em duas diretivas (Lessa, 1978): montagem de um novo padrão de industrialização que, ao contrário do modelo do "milagre", tinha como núcleo dinâmico a indústria de base (bens de capital, eletrônica pesada e insumos básicos); e fortalecimento progressivo do capital privado nacional, antes subestimado em relação ao capital estatal e ao capital privado internacional. Com isso, o II PND propunha substituir o capitalismo selvagem dos anos anteriores por um "capitalismo social", ou modelo "neocapitalista", fortemente conduzido pelo Estado e (embora não fosse explicitado) transformar o Brasil em potência emergente na entrada dos anos 80.

Tomando o modelo capitalista japonês como paradigma, o II PND pontuou os elementos necessários à construção dessa potência emergente: "grande empresa nacional, autonomia do desenvolvimento científico e tecnológico e 'fatores humanos' capazes de superar os demais condicionantes (desfavoráveis ao Japão) no processo" (Lessa, 1978:21). Essa foi a

BREVE HISTÓRICO DAS POLÍTICAS DE SATISFAÇÃO DE NECESSIDADES BÁSICAS   143

razão por que o desenvolvimento científico e tecnológico, de par com a política social (identificada como política de recursos humanos), assumiu um papel preponderante no II PND.

    b. O segundo momento ocorreu entre 1976 e 1979, quando, diante da crise econômica mundial e das suas repercussões no Brasil, o voluntarismo do Estado descobriu-se incapaz de transformar o país em potência emergente, no "prazo mais curto possível", como era alardeado.

Reintroduziram-se, então, formas autoritárias de controle político, ao mesmo tempo em que proliferaram as políticas sociais como respostas estratégicas aos descontentamentos da sociedade civil. As principais reformas políticas outorgadas pelo governo Geisel, conhecidas como "Pacote de Abril", foram: "eleição indireta para a escolha de governadores, com ampliação dos colégios eleitorais; eleição de um terço do Senado por via indireta (os senadores biônicos) e inclusão de três sublegendas na eleição direta dos restantes (uma gravíssima quebra da tradição republicana); extensão da Lei Falcão às eleições estaduais e federais (generalizava-se a proibição do acesso ao rádio e à televisão dos candidatos aos cargos eletivos municipais); antecipação da eleição do presidente da República (de 15/1/79 para 15/10/78) e ampliação do mandato do presidente para seis anos (o de Geisel já havia sido ampliado para cinco anos); alteração do *quorum* para votação de emendas constitucionais pelo Congresso, de dois terços dos membros para maioria simples; aumento do número de deputados federais, passando a Câmara a contar com 420 membros; alteração do 'Colégio Eleitoral' que elegeria o presidente da República; mandato de dois anos para os deputados a serem eleitos em 1980, de forma a haver coincidência das eleições municipais, estaduais e federais, a partir de 1982" (Srour, 1981:40).

Tais reformas regressivas constituíram um duro golpe no processo de distensão política. Em vista disso, a reação dos setores sociais que se sentiram traídos na sua confiança

144   NECESSIDADES HUMANAS: Subsídios à crítica dos mínimos sociais

não se fez esperar. Vários movimentos sociais revigoram-se em torno dos pleitos por democracia. Fechados os tradicionais canais de participação política da população (partidos políticos, sindicatos), abriram-se alternativas: Ordem dos Advogados do Brasil (OAB), Associação Brasileira de Imprensa (ABI), Igreja Católica Progressista, com as suas Comunidades Eclesiais de Base (CEB), União Nacional dos Estudantes (UNE), dentre outros. Acrescente-se a isso a ativação de novas categorias sociais (feministas, donas de casa, funcioná-rios públicos, frações do empresariado, etc.) e de uma combativa classe operária — a do ABC paulista —, todos mobilizados em torno da bandeira da democracia.

Como resposta mais imediata a esses movimentos, o governo tratou de: instituir uma nova política salarial, baseada nas negociações diretas entre empregados e empregadores; restabelecer o *habeas corpus* para crimes políticos, bem como as garantias da magistratura e a autonomia dos poderes Judiciário e Legislativo; decretar o fim das cassações por meio do AI5 e abrandar as exigências para a criação dos partidos. Mas, não obstante isso, continuavam existindo os seguintes instrumentos de contenção política: a Lei de Segurança Nacional, posteriormente tornada mais ampla e abrangente, os Atos Institucionais, a Lei Falcão e o Pacote de Abril. Além disso, foram criados dois mecanismos de defesa do Estado: as medidas de emergência (de caráter mais restrito e localizado) e o estado de emergência (de caráter geral).

Foi nesse contexto que a política social passou a ser estrategicamente intensificada, não como resposta consienciosa às necessidades sociais, mas como uma via de reaproximação do Estado com a sociedade.

Os flagrantes focos de pobreza absoluta, cuja redução se colocava como meta principal, tornaram-se o alvo prioritário dessa política. Sem poder negá-la, a melhor tática governamental foi reconhecê-la e incluí-la nos Planos de Desenvolvimento, de sorte que tal procedimento soasse como sinal de maturidade e autocrítica do regime.

Desse modo, ampliou-se o leque de benefícios da ação do Estado, ao mesmo tempo em que se criou, se redimen-

BREVE HISTÓRICO DAS POLÍTICAS DE SATISFAÇÃO DE NECESSIDADES BÁSICAS

sionou e se reestruturou a máquina burocrática encarregada de eficientizar a nova estratégia social. Pela primeira vez ouve-se falar no desenvolvimento social com "objetivo próprio" e como resultado das articulações entre governo e sociedade. Como conseqüência desse propósito foram introduzidas inovações técnicas e administrativas no aparelho estatal, com o fito de superar o tradicional clientelismo individual e capacitar agências oficiais a assumirem posturas mais agressivas de atendimento, tais como:

a. criação de órgãos e mecanismos globais de formulação, coordenação e execução de políticas sociais, como: Conselho de Desenvolvimento Social (CDS), Fundo de Apoio ao Desenvolvimento Social (FAS), Sistema de Indicadores Sociais;

b. instituição de mecanismos e instrumentos de ação setoriais para coordenar a formulação, execução e controle da política social nas respectivas áreas de competência, como: Conselho Nacional de Política de Emprego, Conselho Federal de Mão-de-Obra, Sistema Nacional de Saúde, Ministério da Previdência e Assistência Social, Sistema Nacional de Previdência e Assistência Social;

c. estabelecimento de instrumentos de mobilização do setor privado, para apoiar a execução de políticas sociais, especialmente por meio de incentivos fiscais e financeiros, como: financiamento de recursos — em forma subsidiada — a instituições ou empresas com fins lucrativos; incentivos fiscais a empresas promotoras de programas de treinamento de mão-de-obra e de alimentação do trabalhador; compra de serviços privados pelo Estado, especialmente o de saúde pelo Ministério da Previdência e Assistência Social.

No âmbito dessas inovações técnicas e administrativas, as medidas sociais que mais se destacaram foram:

a. Programa de Desenvolvimento Social do Nordeste;

b. Reformulação dos mecanismos financeiros do Sistema Financeiro da Habitação (SFH);

146 NECESSIDADES HUMANAS: Subsídios à crítica dos mínimos sociais

c. Ação Sanitária para o Nordeste;

d. Nova sistemática do Plano Nacional de Saneamento;

e. Unificação do PIS com o PASEP;

f. Criação do Programa Nacional de Centros Sociais Urbanos (CSU);

g. Plano Básico de Ação Sanitária para a Amazônia;

h. Organização das Ações de Vigilância Epidemiológica;

i. Criação do Fundo Nacional de Apoio ao Desenvolvimento Urbano;

j. Estabelecimento do Sistema Nacional de Transportes Urbanos;

l. Ação do governo na área do trabalho (diretrizes e destinação de recursos para o setor; definição de políticas de preparação de mão-de-obra, de emprego e retribuição ao trabalho, de proteção ao trabalho e de apoio técnico em geral);

m. Programa Nacional de Alimentação e Nutrição (PRONAM);

n. Programa de Saneamento Ambiental;

o. Programa Especial de Controle da Esquistossomose (PECE);

p. Programa de Interiorização das Ações de Saúde e Saneamento no Nordeste (PIASS);

q. Programa de Saúde Materno-Infantil (PSMI);

r. Programas de Bem-Estar do Menor;

s. Sistema Nacional de Emprego (SINE);

t. Programa Nacional de Desenvolvimento de Comunidades Rurais (PRODECOR);

u. Programas de Atendimento ao Pré-Escolar e ao Ensino de 1º Grau;

v. Amparo previdenciário para maiores de 70 anos e para inválidos, conhecido como Renda Mensal Vitalícia.

• *Entre 1980 e 1985*, sob o governo Figueiredo: este subperíodo foi marcado por uma forte desarticulação

BREVE HISTÓRICO DAS POLÍTICAS DE SATISFAÇÃO DE NECESSIDADES BÁSICAS   **147**

do esforço de desenvolvimento social ocorrido nos últimos três anos do governo Geisel. A diminuição dos gastos sociais, acompanhada de gradual redução da importância da política social no planejamento e na gestão estatal, constituiu a principal evidência dessa desaceleração, que foi basicamente determinada pelos seguintes fatores:

a. incompatibilidade do padrão otimista de acumulação até então vigente no Brasil com uma conjuntura internacional recessiva;

b. elevação do déficit público e do endividamento externo, herdada do governo anterior;

c. instauração da crise fiscal do Estado, dada a discrepância entre a arrecadação de tributos e o volume das despesas governamentais na área social;

d. relutância governamental em facilitar a passagem de um regime de exceção para um regime de direitos, ocasionando um desgastante processo de negociação corporativista e lobista entre elites (econômica e política) e o governo;

e. crescente pressão da sociedade civil, incluindo as camadas populares, por democracia e ampliação da cidadania;

f. defesa governamental dos recursos econômicos e financeiros das camadas sociais mais bem aquinhoadas, apelando, inclusive, para o processo inflacionário, em detrimento da melhoria das condições de vida das parcelas mais pobres da população.

Esse quadro provocou aumento do desemprego e da pobreza e queda real dos salários, assim como restrição da capacidade governamental de apresentar respostas políticas, por mínimas que fossem, às necessidades humanas básicas. Nesse subperíodo, portanto, imperou a adoção de medidas de caráter anti-social tais como aprofundamento da contenção dos gastos na assistência médica previdenciária, restrição dos financiamentos concedidos à habitação de "interesse social"

148 NECESSIDADES HUMANAS: Subsídios à crítica dos mínimos sociais

e redução pela metade dos investimentos no setor de transporte público. As políticas de educação, saúde pública e de suplementação alimentar sofreram menor impacto recessivo pelo fato de serem custeadas com recursos do Tesouro Nacional, e não extrafiscais, como acontecia com a maioria das políticas sociais.

Em compensação, graças à crescente mobilização da sociedade, alguns avanços civis e políticos se fizeram notar: anistia, em 1979, com a restituição dos direitos civis e políticos aos cidadãos cassados pelo regime militar, eleição para governadores, em 1982, e ampla campanha popular pelas "Diretas Já", isto é, pelas eleições diretas para a Presidência da República.

7.1.4. O período de transição para a democracia liberal

Este período, denominado de "Transição Democrática" ou "Nova República", caracterizou-se, em primeiro lugar, por uma reorganização institucional que culminou com a convocação da Assembléia Nacional Constituinte, em 1986, e, em segundo, por uma concepção de proteção social na qual tanto os direitos sociais quanto as políticas concretizadoras desses direitos receberam atenção especial. Data dessa época a inclusão, pela primeira vez na história política do país, da assistência social (com a sua proposta de satisfação de "mínimos sociais") numa Constituição Federal, na condição de componente (integral e endógeno) do Sistema de Seguridade Social e de direito de cidadania.

Na seqüência da agenda mista gestada no período de abertura do regime militar e explicitada após a vitória da oposição nas eleições para governadores em 1982, o padrão centralizado e piramidal de gestão das políticas públicas sofreu alterações. Ganharam força, a partir de então, os pleitos pela instituição de um padrão administrativo e financeiro descentralizado, mediante o qual seriam criados canais institucionais de participação social e política da população. Isso explica também a inclusão na Constituição Federal de mecanismos

BREVE HISTÓRICO DAS POLÍTICAS DE SATISFAÇÃO DE NECESSIDADES BÁSICAS **149**

de democracia semidireta — como a municipalização, o plebiscito, o referendo e a ação popular —, seguidos da construção de um pacto federativo (com a descentralização de responsabilidades da esfera federal para a estadual e a municipal), bem como de mecanismos de controle democrático — como os conselhos de políticas públicas e de defesa de direitos, de caráter deliberativo e representação paritária do Estado e da sociedade na sua composição.

Dentre os documentos que explicitam essa nova orientação institucional, sob o primeiro governo civil do período — o de Sarney[41] —, ressaltam: Subsídios para a Ação Imediata contra a Fome e o Desemprego, preparado, em 1985, pela Comissão para o Plano do Governo (COPAG); Programa de Prioridades Sociais para 1985; Plano de Prioridades Sociais para 1986 e Plano de Metas para 1986-1989. Vale salientar, também, o relatório elaborado pelo Grupo de Trabalho para a Reestruturação da Previdência Social, criado pelo Decreto nº 92.654, de 1986, pois este apresentou uma proposta ampla de Seguridade Social (de estilo beveridgiano) que extrapolava o âmbito do seguro, sugerindo uma vertente não contratual e não contributiva de proteção social pública, nos seguintes termos: "Todo cidadão brasileiro é titular de um conjunto mínimo de direitos sociais independentemente de sua capacidade de contribuição para o financiamento dos benefícios e serviços implícitos nesses direitos" (Santos, *in* MPAS, 1986:5). Esta proposta, depositária de um avanço conceitual importante no contexto tradicional da proteção social brasileira, viria, não sem dificuldades[42], a ser acatada pela maioria dos constituintes e incorporada à Constituição Federal de 1988.

---

41. Com a morte do presidente indiretamente eleito, Tancredo Neves, às vésperas de sua posse, assume, em 1985, a Presidência da República o vice de Tancredo, José Sarney, para o período de governo de 1985 a 1989.

42. Para muitos, propostas desse tipo, naquele momento, eram anacrônicas, pois tanto o processo de transnacionalização como a ideologia neoliberal, contrários a elas, estavam ganhando força e dimensão global, graças, principalmente, à decomposição do socialismo real que lhes servia direta ou indiretamente de paradigma.

Nesses documentos, o governo reconhecia a enorme "dívida social" que assolava o país, a fragilidade dos direitos sociais e se comprometia formalmente a fazer "tudo pelo social" — lema da administração de Sarney.

A estratégia adotada para perseguir esse objetivo social incluía desde medidas de cunho emergencial, especificamente as voltadas contra a fome, o desemprego e a pobreza, até as de caráter estrutural, que priorizavam: o crescimento econômico sustentado (a partir do qual seria possível ampliar a oferta de postos de trabalho, aumentar o salário real, melhorar a distribuição de renda, garantir seguro-desemprego e rever a legislação trabalhista e sindical) e a reforma agrária.

No biênio 1985-1986 as principais iniciativas de conteúdo econômico-social adotadas pelo governo Sarney, foram:

• Plano Cruzado, o qual, baseado no pensamento heterodoxo contrário à ortodoxia liberal do FMI, deu início à política econômica da Nova República, que privilegiou o controle da inflação por meio das seguintes medidas: "reforma monetária (substituindo o cruzeiro pelo cruzado); congelamento de preços; ajustamento dos salários aos seus valores reais médios prevalecentes nos seis meses anteriores e tentativa de desindexar a economia" (Mollo e Silva, 1988:131). Mas este Plano, apesar de ter elevado o salário mínimo em 15% e de ter alimentado temporariamente a ilusão do crescimento econômico com redistribuição de renda, cedo mostrou suas ambigüidades e limitações. Embora heterodoxo, não se contrapôs às ênfases liberalizantes, sustentadas pelo FMI, e não foi capaz de conter a inflação, que retornou no final de 1986 após o descongelamento dos preços.

• Plano de Metas, concebido como plano de sustentação do crescimento e de combate à pobreza. Contudo, como assinalam Mollo e Silva (1988:121), tal plano não passava da contabilização da previsão de gastos de cada área de responsabilidade dos Ministérios, sendo as prioridades estabelecidas por eles de forma individualizada.

BREVE HISTÓRICO DAS POLÍTICAS DE SATISFAÇÃO DE NECESSIDADES BÁSICAS   **151**

- Política emergencial de alimentação, desenvolvida por meio do Programa Nacional de Alimentação Escolar (PNAE), do Programa de Suplementação Alimentar (PSA) e do Programa Nacional do Leite para as Crianças Carentes (PNLCC), cujas metas visavam: atender, pelo PNAE, cerca de 30 milhões de crianças em 1986; ampliar, pelo PSA, a distribuição, em 1986, da cesta de alimentação básica para até 10 milhões de beneficiários (gestantes, nutrizes e crianças de renda inferior a dois salários mínimos) e para 15 milhões, em 1989; atingir, pelo PNLCC, 1,5 milhão de crianças, em 1986, e 10 milhões, em 1989.

- Criação do Ministério da Reforma e Desenvolvimento Agrário (MIRAD) e lançamento da primeira versão do Plano Nacional de Reforma Agrária (PNRA).

- Instituição do seguro-desemprego, precedido de estudos de viabilidade da ampliação da sua cobertura e do valor dos benefícios.

Os três últimos anos da administração Sarney (1987-1989) conheceram mais dois outros planos de governo, que visavam efetivar a transição de um modelo econômico limitado e excludente para outro mais eficaz e equânime.

Um, foi o Plano de Controle Macroeconômico, de julho de 1987, conhecido como Plano Bresser (do então ministro da Fazenda, Bresser Pereira), que implicou — dentre outras incompatibilidades com o projeto de transição — redução do poder de compra dos trabalhadores e reprodução da desigualdade social.

O outro plano, sob a condução de um novo titular da pasta da Fazenda — Mailson da Nóbrega — implantou, no final de 1987, a chamada "política do arroz com feijão", a qual dispunha-se simplesmente a seguir as orientações da ortodoxia liberal, operando cortes dos gastos públicos, especialmente sociais, com repercussões negativas sobre o poder aquisitivo da população.

Se se juntarem a isso as manobras políticas nada edificantes de Sarney para manter-se no poder por cinco anos,

152 NECESSIDADES HUMANAS: Subsídios à crítica dos mínimos sociais

e não por quatro, como era previsto, e as suas continuadas ligações com representantes do regime militar, tem-se, nesse período de governo, o que, no dizer de O'Donnell (1987), configurou uma *transição inercial*, ainda presa aos velhos estilos de fazer política e inibidora da verdadeira democracia. Ou, em outras palavras, tem-se, com Sarney, *mudanças de governo*, e não de *regime*.

Entretanto, foi nesse período que, do ponto de vista formal-institucional, ocorreram significativos avanços políticos e sociais, os quais conferiram à década de 80, ao lado do epíteto de "década perdida", o de "década da redemocratização".

Graças à mobilização da sociedade, as políticas sociais tornaram-se centrais, nessa década, na agenda de reformas institucionais que culminou com a promulgação da Constituição Federal de 1988. Nesta Constituição, a reformulação formal do sistema de proteção social incorporou valores e critérios que, não obstante antigos no estrangeiro, soaram, no Brasil como inovação semântica, conceitual e política. Os conceitos de "direitos sociais", "seguridade social", "universalização", "eqüidade", "descentralização político-administrativa", "controle democrático", "mínimos sociais", dentre outros, passaram, de fato, a constituir categorias-chave norteadoras da constituição de um novo padrão de política social a ser adotado no país.

Como era de esperar, tais inovações, ainda que formais, assustaram os adeptos brasileiros da ortodoxia liberal, já em franca ascensão nos países capitalistas centrais. Por isso elas foram alvo da "retórica intransigente do pensamento reacionário", que, segundo Hirschmann (1987), por falta de argumentos consistentes, abusa do exagero, nas suas análises; da ameaça de hecatombe, nas suas previsões; e da ironia ou do deboche[43], nas suas apreciações a respeito do pensamento adversário.

---

43. Hirschmann (1987), ao fazer uma incursão no que chama de "retórica da intransigência" da *direita*, afirma que esta abusa dos argumentos, apega-se a mitos e a fórmulas interpretativas influentes e lisonjeia seus autores. Além disso, a atitude irônica e zombeteira que adota diante das propostas das esquerdas tem lhe servido como componente essencial e altamente eficaz na transmissão reiterativa de suas idéias.

BREVE HISTÓRICO DAS POLÍTICAS DE SATISFAÇÃO DE NECESSIDADES BÁSICAS   **153**

De fato, desde a sua promulgação a Constituição Federal de 1988 foi rotulada pelas correntes conservadoras nacionais ora de *inviável*, por "remar contra a corrente" neoliberal dominante, ora de *inconseqüente*, por conter, nas palavras "de efeito" de Roberto Campos (1991), "propostas suecas com recursos moçambicanos"[44].

Além disso, todos os governos, a partir de 1988, sentiram-se manietados por esta Constituição e procuraram contornar essa dificuldade adiando a aprovação de leis regulamentadoras de dispositivos constitucionais não autoaplicáveis ou abusando da edição de Medidas Provisórias[45], com a complacência do Congresso Nacional.

Na área social, as novas diretivas contidas na Constituição previam: maior responsabilidade do Estado na regulação, financiamento e provisão de políticas sociais; universalização do acesso a benefícios e serviços; ampliação do caráter distributivo da seguridade social, como um contraponto ao seguro social, de caráter contributivo; controle democrático exercido pela sociedade sobre os atos e decisões estatais; redefinição dos patamares mínimos dos valores dos benefícios sociais; e adoção de uma concepção de "mínimos sociais" como direito de todos.

Na esfera trabalhista, o trabalhador empregado foi alvo de significativa atenção constitucional, a saber:

- redução da jornada semanal de trabalho de 48 horas para 44 horas;
- redução de 6 horas para os turnos de revezamento;
- férias anuais remuneradas com mais 1/3 de salário;

---

44. Cf. "Survey Brazil", *The Economist*, England, december, 7th 1991.

45. Medidas normativas provisórias, com força de lei, que, de acordo com o art. 62 da Constituição Federal, deveriam ser adotadas pelo Presidente da República apenas em caso de relevância e urgência. Entretanto, esse instituto jurídico vem sendo abusivamente utilizado. Entre outubro de 1988 e janeiro de 2000 (Castro, 2000), "foram editadas nada menos de 561 medidas originais e reeditadas 3.948 sobre virtualmente todos os assuntos". Algumas estão em sua 59ª edição, como a que trata da desvinculação de preços e salários, como complementação do Plano Real, o que revela a permissividade como esse instituto é tratado no Brasil.

154 NECESSIDADES HUMANAS: Subsídios à crítica dos mínimos sociais

- extensão do FGTS a todos os trabalhadores;
- estabilidade no emprego dos funcionários públicos, após dois anos de contrato;
- licença paternidade;
- direitos iguais para todos os trabalhadores (urbanos, rurais e domésticos);
- fixação de 50% para o valor mínimo de remuneração de horas extraordinárias de trabalho;
- vinculação da aposentadoria ao salário mínimo, visando à segurança mínima aos trabalhadores quando inativos;
- extensão aos aposentados dos benefícios concedidos aos trabalhadores ativos, inclusive do 13º salário e aumentos salariais;
- ampliação de 90 para 120 dias do período de licença à gestante;
- elevação da idade mínima para se começar a trabalhar de 12 para 14 anos;
- reconhecimento do direito de greve e da liberdade e autonomia sindicais;
- inclusão do seguro-desemprego como direito dos trabalhadores urbanos e rurais;
- pagamento, no âmbito do PIS-PASEP, de um abono anual no valor de um salário mínimo aos trabalhadores com remuneração mensal de até dois salários mínimos (antes, o abono anual do PIS-PASEP contemplava trabalhadores que recebessem no último ano salários mínimos e fossem cadastrados pelo menos há cinco anos) (Fagnani, 1996).

Em outras áreas sociais, como foi o caso da Educação, a Constituição de 1988 também apontou progressos. Reafirmou o princípio da universalização do ensino fundamental; previu a destinação de recursos públicos para este nível de ensino e para a erradicação do analfabetismo; ampliou de 13% para 18%, no mínimo, o percentual das Receitas da União a

BREVE HISTÓRICO DAS POLÍTICAS DE SATISFAÇÃO DE NECESSIDADES BÁSICAS **155**

serem aplicadas na educação; manteve a gratuidade do ensino público em todos os níveis; transformou a creche em um serviço educacional de particular importância na preparação das crianças de até 6 anos de idade para o ingresso no sistema escolar (Draibe, 1993).

Todavia, foi na esfera da Seguridade Social que a Constituição Federal de 1988 avançou um pouco mais, apesar de abarcar apenas três políticas sociais: Saúde e Assistência Social, de caráter distributivo, e a Previdência Social, de caráter contributivo.

Concebendo essas três políticas como um conjunto integrado de proteção social pública, na perspectiva da cidadania, a Constituição introduziu, de fato, tanto do ponto de vista conceitual quanto do arranjo institucional, inovações na experiência brasileira de bem-estar. Assim, além de considerar tais políticas como mecanismos imprescindíveis de concretização de direitos, concebeu um novo modo de financiamento da área, apoiado em fundo e orçamento únicos, e redefiniu benefícios e formas de organização pautadas pelo princípio da universalização (Draibe, 1993).

No âmbito da Saúde, foi concebido um sistema único — o SUS — que, operando sob a forma de rede integrada, descentralizada e regionalizada, intentava instituir no Brasil o atendimento igualitário de toda a população. É nesse sentido que o SUS pode ser considerado a proposta que, no contexto da Seguridade Social, incorporou com mais fidelidade o princípio da universalização da cobertura do atendimento e mais enfaticamente renegou a atenção seletiva e elitizada das políticas sociais de extração neoliberal.

Na Previdência Social, a igualação dos direitos de todos os trabalhadores (urbanos, rurais e domésticos) constituiu a iniciativa mais democrática. As demais medidas voltadas para o trabalhador empregado, já indicadas, também expressaram significativos avanços na cobertura previdenciária, acompanhadas de tópicas melhorias em relação aos trabalhadores inativos.

Foi, contudo, no terreno da Assistência Social que a Constituição Federal de 1988 mais se diferenciou das Constitui-

156 NECESSIDADES HUMANAS: Subsídios à crítica dos mínimos sociais

ções passadas, ao encampar um projeto — que se tornou revolucionário — de transformar em *direito* o que sempre fora tratado como *favor* e de reconhecer os "desamparados" como titulares ou sujeitos de direitos (Pereira, 1998:127). Para tanto, rompeu com a prática assistencialista largamente utilizada como instrumento de barganha populista ou de patronagem política, herdada da era Vargas, bem como com o padrão eminentemente contributivo de proteção social.

Seria com base nessas mudanças que a política de assistência social teria como incumbência concretizar — também de forma descentralizada, democrática e cívica — direitos devidos a determinados segmentos sociais (família, gestante, nutriz, criança, adolescente, idoso, pessoa portadora de deficiência, desempregado afetado em suas necessidades básicas), visando à melhoria de suas condições de vida e de cidadania.

Expressando a intenção de enfrentar a pobreza absoluta, tal política também romperia com um velho preconceito brasileiro de que *ao pobre não se deve dar dinheiro, porque ele não sabe gastá-lo,* instituindo uma tardia espécie de política de renda mínima ou de manutenção de renda. Assim, desde 1993 a Lei Orgânica da Assistência Social (LOAS) prevê um benefício mensal de um salário mínimo a todos os idosos com 70 anos ou mais (com 67 anos, a partir de 1998) e a pessoas portadoras de deficiência que não disponham de meios para a sua própria manutenção ou não possam ser mantidos por suas famílias — o benefício de prestação continuada (BPC) já referido na nota 1, de pé de página, deste livro.

Mas todos esses progressos constitucionais não frutificaram na prática, sendo, ao contrário, alvos de uma "contra-reforma conservadora" (Fagnani, 1996:86) iniciada em 1987, ainda no governo Sarney, e reforçada, a partir de 1990, nos governos Collor (1990-1992) e Fernando Henrique Cardoso (1995-2000).

As classes proprietárias e empresariais, bem como os seus porta-vozes intelectuais e políticos — que viram a maior parte de seus pleitos liberalizantes derrotada na Assembléia Nacional Constituinte (ou Congresso Constituinte, como pre-

BREVE HISTÓRICO DAS POLÍTICAS DE SATISFAÇÃO DE NECESSIDADES BÁSICAS **157**

ferem alguns) —, não se deram por vencidas. Legitimadas pelo crescente processo de internacionalização da economia, passaram a centrar fogo nos avanços constitucionais que implicavam maior regulação estatal, clamando, ao mesmo tempo, por: desestatização, desregulamentação econômica e social, privatização do patrimônio e dos serviços públicos e flexibilização do trabalho e da produção. Isso, naturalmente, encontrou resistências dos setores assalariados organizados e de seus aliados, transformando a Constituição em um pomo de discórdias, mas em que as partes tinham poderes de fogo desiguais. Assim, se, de um lado, elites proprietárias e empresariais, de notável influência no governo, na mídia, na classe média e nos círculos intelectuais e políticos conservadores, atacavam a Constituição, de outro, trabalhadores, desempregados e seus aliados, cada vez mais esvaziados de seus recursos políticos, organizativos, estratégicos, bem como de seu poder de pressão e de penetração nos meios de comunicação de massa, resistiam precariamente a esses ataques.

Não por acaso, a obra dos reformadores progressistas, que apostava na transição democrática, na ampliação da cidadania e no combate às iniquidades sociais, pelas vias legal e administrativa, foi suplantada pelo imperativo pragmático do governo de gerir a crise e a instabilidade macroeconômica que se agravava.

Em vista disso, as principais medidas contra-reformistas adotadas entre 1987-1990 foram:

- Retorno da prática assistencialista pulverizada e passível de manipulação clientelista e fisiologista, de antiga memória, como, por exemplo, a desenvolvida por meio do Programa de Ação Comunitária comandado pela Secretaria Especial de Ação Comunitária (SEAC), vinculada diretamente à Secretaria de Planejamento da Presidência da República. Programas desse tipo, que tinham tudo para gerar oportunidades de participação direta dos beneficiários na gestão e distribuição de benefícios, mediante convênios com entidades privadas, constituíram, na verdade, terreno fértil à corrupção,

158   NECESSIDADES HUMANAS: Subsídios à crítica dos mínimos sociais

por falta de transparência e de efetivo controle democrático.

- Paralisação, descontinuidade, retrocesso, extinção ou engavetamento de várias conquistas ou propostas reformistas, tais como: estancamento do projeto de reforma agrária, com extinção, inclusive, do Ministério que levaria a cabo tal projeto (Ministério da Reforma Agrária); fechamento do Banco Nacional de Habitação (BNH), com transferência de suas funções para a Caixa Econômica Federal, seguido do engavetamento do projeto de reforma do sistema financeiro de habitação; descontinuidade e paralisia decisória no campo do saneamento e transporte público; engavetamento de diretrizes formuladas por Comissão especial no campo da educação e esvaziamento das propostas de reformas das relações trabalhistas.

- Redução orçamentária e desmonte institucional na área social, atingindo mais severamente os setores de transporte público, alimentação e reforma agrária.

- Franca oposição governamental aos avanços constitucionais, com o uso inclusive de manobras que visavam retardar ou dificultar a regulamentação de vários dispositivos da Lei Maior ou mesmo descumprir esses dispositivos. Segundo Azevedo (*apud* Fagnani, 1996:88), a área mais duramente atingida por esses expedientes foi a do financiamento da Seguridade Social. Nesta, pelo menos duas graves distorções detectadas no orçamento da União podem ser apontadas: "o pagamento dos encargos previdenciários da União com recursos da Seguridade Social; e a retenção dos repasses das contribuições que financiavam a Seguridade (Finsocial, Contribuição sobre o lucro, PIS/PASEP) pelo Tesouro Nacional" (Fagnani, 1996:88).

Permaneceram relativamente a salvo da contra-reforma conservadora umas poucas conquistas iniciais, como o seguro-desemprego, a liberdade sindical, a desmontagem do "entulho autoritário" acumulado nos regimes militares e a refor-

BREVE HISTÓRICO DAS POLÍTICAS DE SATISFAÇÃO DE NECESSIDADES BÁSICAS   **159**

ma do sistema previdenciário de saúde que deu origem ao Sistema Único e Descentralizado de Saúde (SUDS), mais tarde transformado no SUS (Fiori, 1991:119).

Foi neste contexto de crise econômica e, principalmente, de regressão política, que as condições para a disseminação do ideário neoliberal no Brasil se constituíram, ajudando a consagrar nas urnas a vitória de um candidato de estilo messiânico e quixotesco cuja principal plataforma era combater os "marajás, os corruptos, as mazelas sociais vistas não do lado da desigualdade na distribuição da renda e da violência do processo de acumulação, mas do lado da ineficácia do Estado" (Oliveira, 1992:47).

7.1.5. O período neoliberal

Este foi o período da história da proteção social brasileira que mais enfaticamente incorporou as determinações externas de mudanças econômicas e políticas.

Na esteira da intensificação mundial do processo de globalização da economia e da guinada para a *direita* das políticas sociais, antes de corte social-democrático, também o Brasil tornou-se campo fértil para a disseminação da ideologia neoliberal. A fortalecer essa ideologia estavam não só mudanças tecnológicas — que alteraram significativamente o modelo de produção e de regulação social prevalecente — e a debilidade estrutural do paradigma keynesiano/beveridgiano/fordista de produção e reprodução social, mas também a derrocada do socialismo real e o enfraquecimento dos partidos e das organizações de esquerda.

Ancorada na tese de que este novo cenário não comportava mais a excessiva presença do Estado, a ideologia neoliberal em ascensão passou, cada vez mais, a avaliar políticas de ingerência privada. Isso teve como resultado uma alteração na articulação entre Estado e sociedade no processo de proteção social, concorrendo para o rebaixamento da qualidade de vida e de cidadania de consideráveis parcelas da população do planeta.

160 NECESSIDADES HUMANAS: Subsídios à crítica dos mínimos sociais

Baseadas, a princípio, no receituário do "Consenso de Washington"[46], que, nos anos 80, impunha uma forte disciplina fiscal, controle da inflação e uma drástica redução da presença do Estado na economia e na sociedade, as políticas neoliberais nos anos 90 mudaram de tática. Além da liberação e da desregulamentação como princípios básicos, propunham agora "reformas estruturais", incluindo a reestruturação institucional.

No setor financeiro, para evitar problemas inicialmente criados pela incapacidade de instituições fracas de levar avante a liberalização requerida, foi tentada, como medida de eficácia, a reforma financeira que, no Brasil, ocorreu em 1988. Nesta reforma "foram promulgadas leis para dar maior independência aos bancos e fortalecer os regulamentos que afetavam os mercados de capital e os bancos" (Thorp, 1998:240).

Além desta, outras reformas fizeram-se necessárias, como a estabilização da economia (adotada no Brasil em 1986 e em 1994), a liberalização do comércio (adotada no Brasil em 1990), a reforma tributária (em tramitação no Brasil), a privatização (gradativa e crescentemente realizada no Brasil), a reforma trabalhista (parcialmente adotada no Brasil) e a previdenciária (em tramitação no Brasil).

A integração regional foi outra tendência de ajustamento à ofensiva neoliberal que, contraditoriamente, resultou da crescente integração econômica global e da liberação do comércio.

Na América Latina, o acordo bilateral entre o Brasil e a Argentina, em 1986, redundou na criação do MERCOSUL (Mercado Comum do Cone Sul), em 1991, constituído dos seguintes países: Brasil, Argentina, Paraguai e Uruguai. O Chile e a Bolívia tornaram-se associados, respectivamente, em 1996 e 1997.

---

46. Termo empregado pelo economista inglês John Williamson durante preparação de uma Conferência organizada pelo Institute for International Economics (IIE), de Washington, há dez anos (em 1989). Faziam parte do receituário dessa conferência as privatizações, a abertura da economia, a desregulamentação e o controle da inflação e do déficit público (*Folha de S. Paulo*, 1999).

No Brasil, em particular, a repercussão da ofensiva neoliberal, em suas diferentes fases, pode ser assim sintetizada:

Entre 1990 e 1992 tem-se o que, num *tour de force*, a imprensa brasileira chamou de "era Collor", em referência ao efêmero governo do primeiro presidente eleito — Fernando Collor de Mello, em 1989 —, após 29 anos das últimas eleições diretas, realizadas em 1960.

Como vimos, Collor foi catapultado ao poder principalmente pelo descalabro da Nova República, fazendo uso de discurso eleitoral de matiz social-democrata, mas que logo se mostrou afinado com o ideário neoliberal e a ele submisso.

Foi assim que de "amigo dos pobres" ou dos "descamisados" e "perseguidor das elites econômicas" ou dos "marajás", o presidente Collor, no dizer de Fiori (1991:115), transformou a política social não em "prima pobre" da política econômica — como sempre aconteceu na história republicana brasileira —, mas em "gata borralheira".

Efetivamente, forte foi a discrepância entre a sua proposta eleitoral e a sua prática governamental, como pode ser conferida a seguir:

a. *Proposta eleitoral* (Fiori, 1991:120)

• *No campo econômico, a proposta aponta para:*

a. retomada, a curto prazo, do crescimento, com simultâneo combate à inflação e ao desequilíbrio fiscal;

b. modernização econômica, a longo prazo, com base na desregulamentação do mercado.

• *No campo social a proposta visa:*

a. ao ressarcimento da dívida social, via crescimento econômico;

b. à melhoria da distribuição de renda, por meio da criação de emprego e do aumento dos salários reais;

c. à manutenção das políticas sociais compensatórias, mas com redefinição de suas prioridades e formas de financiamento;

NECESSIDADES HUMANAS: Subsídios à crítica dos mínimos sociais

d. à descentralização da gestão das políticas sociais;

e. ao reforço do Estado como condição para a requalificação de instrumentos e quadros de gestão dos sistemas sociais do governo e para o financiamento das políticas sociais.

b. *Prática adotada sob a égide do Plano Collor*

• *No campo econômico, houve* (Oliveira, 1992):

a. mudança do nome da moeda, que voltou a ser cruzeiro;

b. redução da liquidez por meio de seqüestro e congelamento dos ativos financeiros;

c. desindexação geral, especialmente entre preços e salários;

d. achatamento salarial;

e. privatizações de empresas estatais;

f. abertura da economia ao capital;

g. suspensão dos incentivos fiscais, com exceção dos concedidos à Zona Franca de Manaus;

h. implantação de políticas fiscais e monetárias restritivas.

• *No campo social, observou-se:*

a. preservação e aprofundamento da fragmentação e descoordenação institucional. Ao contrário da área econômica, a social foi desmembrada tanto do ponto de vista da sua organização quanto da sua competência. "A previdência ficou com o Ministério do Trabalho, enquanto o INAMPS passou para o Ministério da Saúde, que logo à frente ficaria encarregado do Projeto Nossa Gente — CIACS. A educação ficou como estava e sem o controle da Secretaria da Ciência e Tecnologia e, finalmente, o novo Ministério da Ação Social concentrou a política de saneamento, habitação popular e promoção social mas sem o controle das fontes de financiamento, que ficou em mãos do Ministério do Trabalho e Previdência Social (MTPS) e a Caixa Econômica Federal, pertencente ao Ministério da Economia" (Fiori, 1991:124);

BREVE HISTÓRICO DAS POLÍTICAS DE SATISFAÇÃO DE NECESSIDADES BÁSICAS

b. demissão de 360 mil funcionários públicos em conformidade com as metas da reforma administrativa, integrante de uma pretensa reforma do Estado;

c. oposição sistemática à consumação dos novos direitos constitucionais;

d. resgate do assistencialismo, do clientelismo e do populismo;

e. rejeição explícita do padrão de seguridade social previsto na Constituição Federal de 1988. Em vista disso, o governo reiterou a tentativa da administração passada de desvincular os benefícios previdenciários e da assistência social do valor do salário mínimo; relutou em aprovar os planos de benefícios e a organização do custeio da seguridade social; vetou integralmente o projeto de lei que regulamentava a assistência social; e represou, por vários meses, a concessão de benefícios previdenciários;

f. seletivização e focalização das políticas sociais, a partir de 1991.

Para alcançar os seus objetivos o governo Collor não vacilou em lançar mão de Medidas Provisórias, alegando emergência diante de um quadro inflacionário e de crescentes dificuldades fiscais. Além disso, propôs a antecipação da revisão da Constituição Federal (prevista para cinco anos após a sua promulgação), por julgá-la inflacionária.

Mas os projetos de Collor foram inviabilizados pela persistência da inflação e pela frenética prática da corrupção que caracterizou o seu governo e que o levou a ser destituído da Presidência da República em 1992. Ainda assim, o governo Collor é lembrado como o precursor "moderno" da desmontagem do "defasado" modelo nacional-desenvolvimentista (tributário da era Vargas) e da internacionalização da economia brasileira, mesmo que isso tenha criado mais crise social e política do que real modernização administrativa. Afinal, foi Collor quem primeiro adotou medidas liberalizantes de integração da economia nacional com a internacional, tais como: suspensão de barreiras tarifárias para compras no ex-

164 NECESSIDADES HUMANAS: Subsídios à crítica dos mínimos sociais

terior e para importações; desregulamentação das atividades econômicas; privatizações das empresas estatais e integração regional (Sallum Jr., 1999:27-28).

Com o *impeachment* de Collor, em 1993, o então vice-presidente Itamar Franco assume, não sem insegurança,[47] a Presidência da República. Além do descalabro governamental deixado pelo seu antecessor, Itamar defrontou com um cenário de estagnação e de destruição do sistema de proteção social construído desde os anos 30. De par com a ausência de qualquer reforma substantiva no campo social, vícios político-administrativos do passado, que tinham sido alvo de pretensa superação pela Constituição Federal de 1988, recrudesceram, acompanhados de abomináveis práticas amorais e ilícitas. Exemplos emblemáticos dessa tendência, foram: desaparelhamento, fragmentação e pulverização de recursos; forte redução do gasto social federal; desarticulação das redes de serviços sociais, como resultado indireto da "reforma" administrativa do governo e como conseqüência direta dos cortes de programas sociais, particularmente no campo da assistência social (como os programas de alimentação e nutrição vigentes até 1990, com exceção da merenda escolar e do Programa de Alimentação do Trabalhador) (Draibe, 1998:22); retorno do clientelismo e do fisiologismo; corrupção; esvaziamento do projeto do SUS; represamento da concessão de benefícios previdenciários; veto ao projeto de criação da Lei Orgânica da Assistência Social; falta de apoio governamental à descentralização das políticas públicas; ausência de acompanhamento e controle oficiais de execução física e financeira de políticas sociais, como a educação, habitação, assistência social, etc.; centralização das decisões na esfera federal.

Com esse legado, somado à falta de um consistente projeto político, o governo Itamar Franco pouco teve a contribuir para a melhoria das condições sociais da nação.

---

47. Itamar Franco não queria assumir imediatamente a Presidência da República, quando da vacância do cargo, ensaiando solicitar um prazo ao Congresso Nacional, no que foi demovido.

BREVE HISTÓRICO DAS POLÍTICAS DE SATISFAÇÃO DE NECESSIDADES BÁSICAS 165

Na esfera econômica, o seu maior feito foi o controle da inflação por meio do Plano Real, que, ao adotar uma nova moeda — o real —, fixou artificialmente a cotação desta em relação ao dólar. Controlada a inflação e estabilizados os preços, assim como a capacidade de consumo, a renda dos mais pobres melhorou nas regiões metropolitanas, embora tal melhoria fosse mais tarde deteriorada pelo aumento de juros embutidos nas compras a prazo, do qual valeu-se o Plano Real. O artífice desse Plano foi o então ministro da Fazenda Fernando Henrique Cardoso, que se tornou o candidato do governo Itamar às eleições presidenciais de 1994, das quais saiu-se vitorioso.

Dos feitos sociais, merecem menção as ingerências oficiais na Seguridade Social, destacando-se a aprovação, em dezembro de 1993, da Lei Orgânica da Assistência Social (LOAS), protelada por cinco anos, e a liberação de recursos previdenciários represados pelo governo Collor. Todavia, ambos os feitos foram movidos por pressões externas e nem sempre surtiram efeitos positivos.

No primeiro caso, a decisão governamental de, finalmente, sancionar a LOAS, teve como indutores gestões do Ministério Público — o qual ameaçou mover ação de inconstitucionalidade por omissão, contra o chefe do executivo federal — e os escândalos divulgados pela Comissão Parlamentar de Inquérito (CPI) do Orçamento, referentes aos criminosos desvios de verbas públicas da área da assistência social para a esfera privada. Com a aprovação da LOAS, os Benefícios de Prestação Continuada que passaram a caracterizar a política de renda mínima preceituada pela Constituição Federal de 1988 puderam ser implementados, mas em detrimento da vigência de um benefício anterior mais generoso — a Renda Mensal Vitalícia —, que ficava a cargo a Previdência Social[48].

---

48. A Renda Mensal Vitalícia era um benefício previdenciário sob a forma de transferência de renda para maiores de 70 anos de idade e para inválidos necessitados, instituído pela Lei nº 6.179, de 11 de dezembro de 1974. Embora a citada lei não use o termo *renda mensal*, foi assim que o benefício assegurado por ela tornou-se conhecido. Seu valor correspondia, inicialmente, à metade do maior salário mínimo vigente no país, não podendo ultrapassar 60% do valor do salário mínimo do

166 NECESSIDADES HUMANAS: Subsídios à crítica dos mínimos sociais

No segundo caso, o governo cumpriu determinação do Supremo Tribunal Federal, que, ainda no governo Collor, expediu sentença judicial exigindo o reajuste dos benefícios previdenciários dos aposentados em 147%. Mas, para arcar com essa despesa, o governo utilizou quase integralmente "as fontes de financiamento da Seguridade para a cobertura dos benefícios previdenciários", o que, se por um lado agradou momentaneamente à opinião pública, por outro "comprometeu estruturalmente a implantação do SUS, alvo privilegiado do ataque neoliberal, e provocou uma crise conjuntural sem precedentes no setor" (Fagnani, 1996:91).

Ainda na área social, há que se fazer menção à readmissão feita por Itamar Franco de vários funcionários públicos demitidos por Collor e ao Plano de Combate à Fome e à Miséria pela Vida (PCFMV), de 1993, o qual, ancorando-se na colaboração entre governo e sociedade, pautou-se por três princípios-chave: a *solidariedade privada*, a *parceria entre Estado, mercado e sociedade* e a *descentralização da provisão social*. Tal plano teve como órgão coordenador um Conselho Consultivo, de composição mista (governamental e não-governamental, com prevalência desta) — o CONSEAS —, e como mentor intelectual o sociólogo Herbert de Souza, o "Betinho", como era nacionalmente conhecido. Este, apostando na força da solidariedade da sociedade e na tradicional disposição desta em aceder a chamamentos altruístas, coordenou com reconhecida legitimidade uma campanha nacional de combate voluntário à fome e à miséria no Brasil.

Contudo, como era previsível, o PCFMV teve vida breve. Seus impactos mobilizadores não foram (e nem poderiam ser) suficientes para alcançar seus complexos objetivos. Cedo, impasses institucionais, financeiros e logísticos impuseram-se, tornando inviável o sucesso da campanha. Sem o comprometimento decisivo do Estado, problemas como "restri-

---

local do pagamento. Em 1991, o valor do benefício aumentou para um salário mínimo por força do art. 5º da Constituição Federal, que preceitua a equiparação do valor de todo benefício previdenciário ao valor do salário mínimo. Este benefício foi extinto em 1993, com a aprovação da LOAS e com a instituição do Benefício de Prestação Continuada (BPC), a cargo da Assistência Social.

BREVE HISTÓRICO DAS POLÍTICAS DE SATISFAÇÃO DE NECESSIDADES BÁSICAS   167

ções orçamentárias", "fragilidade e desarticulação institucional", "corrupção e clientelismo", aliados ao "voluntarismo" da sociedade esvaziaram, na prática, o discurso da solidariedade, da parceria e da descentralização, que constituía a idéia-força do referido plano. Assim, dos três princípios, apenas o último deixou um singelo legado: a descentralização da merenda escolar.

Findo o governo Itamar Franco, foi eleito presidente da República, para o período de 1995-1999, Fernando Henrique Cardoso (FHC), o qual teve como principal bandeira de sua campanha política a continuidade da estabilidade macroeconômica — iniciada sob seu comando no governo anterior — e reformas na Constituição Federal vigente. Além disso, tinha como metas declaradas a consolidação da democracia — dando culminância ao processo de transição democrática, iniciado em 1985 — e a superação da era Vargas, ou do nacional-desenvolvimentismo, a seu ver eivada de forte intervencionismo estatal. Para tanto, preservou e deu novo impulso ao reformismo liberal desencadeado no governo Collor, mas sem abrir mão do seu principal símbolo de prestígio e de poder hegemônico, adquirido antes mesmo de sua eleição: a estabilização da moeda.

Durante o seu primeiro mandato — pois foi reeleito em 1998 —, FHC deu mostras de que tinha abraçado (embora negasse) o ideário neoliberal no que este tinha de mais ortodoxo ou fundamentalista, elegendo como principais alvos de governo a redução da participação do Estado nas atividades econômicas e a desregulação do mercado. Por essa perspectiva, o Estado não mais teria funções empresariais, cedendo lugar ao mercado, nem assumiria o papel de provedor social, dando vez à iniciativa privada mercantil e não mercantil. Ademais, o país deveria abrir-se ao capital estrangeiro, integrando-se ao sistema econômico mundial.

Tais posturas chocavam-se evidentemente com os preceitos constitucionais, que não liberavam o Estado de seu papel regulador e provedor. Mas esses choques não representaram empecilho aos propósitos liberalizantes do governo, que conseguiu aprovar no Congresso Nacional, onde tinha

168   NECESSIDADES HUMANAS: Subsídios à crítica dos mínimos sociais

maioria, projetos de reforma da Constituição. Assim, foram aprovados, quase que integralmente, projetos que visavam (Sallum Jr., 1999:32): a) ao "fim da discriminação constitucional em relação a empresas de capital estrangeiro; b) a transferência para a União do monopólio da exploração, refino e transporte de petróleo e gás, antes detido pela PETROBRAS, que se tornou concessionária do Estado (com pequenas regalias em relação a outras concessionárias privadas); c) à autorização ao Estado para conceder o direito de exploração de todos os serviços de telecomunicações (telefone fixo e móvel, exploração de satélites, etc.) a empresas privadas (antes empresas públicas tinham o monopólio da concessão)". Além disso, conseguiu aprovar no Congresso "lei complementar regulando as concessões de serviços públicos para a iniciativa privada, já autorizadas pela Constituição (eletricidade, rodovias, ferrovias, etc.)", bem como "uma lei de proteção à propriedade industrial e aos direitos autorais nos moldes recomendados pelo GATT", preservando, ainda, "o programa de abertura comercial que já havia sido implementado". Calcado na legislação preexistente e nas reformas constitucionais promovidas desde 1995, este governo também executou com desenvoltura e sucesso "um enorme programa de privatizações e de venda de concessões tanto no âmbito federal como no estadual".

Estavam postas, assim, as vigas mestras de um projeto político, de orientação radicalmente neoliberal, que iria caracterizar um novo estilo de gestão pública no país e conformar um novo bloco hegemônico, cada vez mais ampliado e constituído, inclusive, de quadros antes pertencentes à esquerda, como foi o caso do presidente. Mas esse bloco, como qualquer outro, não era monolítico. No seu interior, existiam divergências que deixavam entrever, pelo menos, duas posições referentes à direção neoliberal que deveria ser adotada pelo governo: uma, mais radical ou fundamentalista (ao modo de Hayek) e, outra, mais amena, com preocupações sociais (ao modo de Rawls). Como é óbvio, a preferência do governo, ao menos inicialmente, recaiu sobre a primeira posição, pois, para ele, o mais importante era a rápida estabilização dos preços e a defesa do Plano Real, ainda que isso implicasse (como implicou) recessão e desemprego.

Privilegiando abertamente as prioridades citadas, o governo conseguiu, de fato, pôr fim à hiperinflação e à desestabilização dos preços, mas com grandes custos sociais. Pois, obstinando-se em manter intocado o tripé que sustentava o Plano Real[49] — atração de capitais externos, câmbio sobrevalorizado e altas taxas de juros —, contribuiu para que essa obstinação (aliada, posteriormente, à meta de ajuste econômico imposta pelo FMI) aumentasse a dívida pública e desacelerasse o crescimento. Segundo Mercadante (2000), durante os dois períodos de governo de FHC "a economia cresceu muito pouco: uma média de 2,33% anuais, menos que os 2,93% anuais da chamada década perdida e muito menos que os 7,32% anuais do período de auge (1950/79) do *abominável* nacional-desenvolvimentismo".

Fica patente, pois, que o governo FHC elegeu a política monetária como a sua prioridade número um, descuidando-se, durante todo o seu primeiro mandato, das políticas propriamente econômicas e, principalmente, das sociais. Já em

---

49. De forma mais detalhada, foram as seguintes as medidas complementares criadas por FHC em defesa do Plano Real: "a) manutenção do câmbio sobrevalorizado frente ao dólar e outras moedas, de forma a estabilizar os preços internos e pressioná-los para baixo pelo estímulo à concorrência derivada do barateamento das importações; b) preservação e, se possível, ampliação da 'abertura comercial' para reforçar o papel do câmbio apreciado na redução dos preços das importações; c) o barateamento das divisas e abertura comercial permitiriam a renovação rápida do parque industrial instalado e maior competitividade nas exportações; d) política de juros altos, tanto para atrair capital estrangeiro — que mantivesse um bom nível de reservas cambiais e financiasse o *déficit* nas transações do Brasil com o exterior, como para reduzir o nível de atividade econômica interna — evitando assim que o crescimento das importações provocasse maior desequilíbrio nas contas externas; e) realização de um ajuste fiscal progressivo, de médio prazo, baseado na recuperação da carga tributária, no controle progressivo de gastos públicos e em reformas estruturais (previdência, administrativa e tributária) que equilibrassem 'em definitivo' as contas públicas; f) não oferecer estímulos diretos a atividades econômicas específicas, o que significa condenar as políticas industriais setoriais e, quando muito, permitir estímulos horizontais a atividades econômicas — exportações, pequenas empresas, etc., devendo o Estado concentrar-se na preservação da concorrência, através da regulação e fiscalização das atividades produtivas, principalmente dos serviços públicos (não estatais)" (Sallum Jr., 1999:33).

170 NECESSIDADES HUMANAS: Subsídios à crítica dos mínimos sociais

1995 o descaso para com os assuntos sociais foi oficialmente denunciado. Naquele ano, o Relatório do Tribunal de Contas da União (TCU), com base em análises das ações e das contas do governo, indicou que os gastos governamentais com o combate à pobreza, com investimentos na educação e com o programa de reforma agrária eram menores do que os de 1994, no governo Itamar. Efetivamente, as substanciais reduções na liberação de recursos para essas rubricas já afiguravam-se, no início da administração FHC, como um forte indicador de que a área social, apontada em discurso de campanha eleitoral como prioritária[50], não teria vez (como não teve).

Crente de que a estabilidade criada pelo Plano Real e as taxas escorchantes de juros constituíam condições eficientes para atrair capitais estrangeiros, fartamente disponíveis no mercado mundial, o governo apostou decisivamente nessa tática, na esperança de que ela funcionasse como um possível pré-requisito ao ajustamento do sistema econômico em bases mais produtivas. Mas isso não aconteceu.

A ortodoxia neoliberal do governo FHC quedou-se refém de suas próprias previsões otimistas quanto ao comportamento do mercado financeiro mundial e das empresas multinacionais sediadas no país. O capital financeiro, como sabemos, é altamente volátil, lábil e sensível a qualquer alteração no equilíbrio do balanço comercial e de serviços dos países hospedeiros. Já no primeiro mandato de FHC, houve desequilíbrios nas contas externas, o que exigiu quantidades cada vez maiores de dólares para pagar gastos com importações e com serviços contratados no exterior. "O crescimento exponencial das remessas de lucros (que aumentaram 92% entre 1994 e 1999) e das despesas com juros associados ao endividamento externo crescente (a dívida externa cresceu 62% no mesmo período)" (Mercadante, 2000) tornava a economia vulnerável a pressões dos investidores internacionais, que, cada vez mais, retiravam as suas aplicações. As empre-

---

50. Nesse discurso, as prioridades sociais — tais como os dedos da mão — eram cinco: saúde, educação, emprego, agricultura e segurança.

BREVE HISTÓRICO DAS POLÍTICAS DE SATISFAÇÃO DE NECESSIDADES BÁSICAS

sas multinacionais, por sua vez, costumam adaptar-se às condições mais favoráveis. Para estas, com o câmbio sobrevalorizado, ficou mais vantajoso importar do que produzir internamente, o que contribuiu para desencadear o processo de desindustrialização no país e, conseqüentemente, para aumentar o desemprego. Isso sem falar das dificuldades enfrentadas pelas empresas nacionais em competir com os produtos importados, caindo, muitas delas, em situação falimentar.

Para conter a desconfiança dos investidores privados internacionais e a fuga de capitais estrangeiros (porque, afinal, era isso o que importava), entre o segundo trimestre de 1995 e o final de 1998 o governo tomou diversas medidas compensatórias. Seu foco privilegiado tornou-se não mais o combate à inflação que, segundo Singer (1999:34), motivou o Plano Real, mas "a vulnerabilidade da economia aos movimentos dos capitais", o que passou a exigir medidas menos fundamentalistas, como a flexibilização da política cambial e a diminuição das taxas de juros. Isso, embora não propiciasse uma queda significativa da inflação, poderia evitar graves turbulências e desequilíbrios na economia externa.

Essa reorientação, porém, não significou que o governo houvesse abdicado da ortodoxia neoliberal. As medidas complementares adotadas continuavam subordinadas a essa ortodoxia. Tanto foi assim que estreitou os seus laços com o FMI, pedindo-lhe empréstimos e seguindo à risca o seu receituário[51], exacerbando, desse modo, a sua política anticrescimento e desregulamentadora da legislação trabalhista e das atividades empresariais. Fazem parte dessa política o desmonte de direitos sociais sacramentados pela legislação trabalhista, o desmoronamento do patrimônio público, por meio de um amplo processo de privatizações e a retirada de apoio estatal a "importantes setores produtivos, como a agricultura" (Mercadante, 2000).

---

51. O receituário do FMI consiste, basicamente, no desenvolvimento autosustentado, no equilíbrio entre gasto público e arrecadação, no permanente combate à inflação e no primado das políticas sociais minimalistas ou focalizadas na pobreza extrema.

172 NECESSIDADES HUMANAS: Subsídios à crítica dos mínimos sociais

Essa tendência se tornou mais evidente no último ano do primeiro mandato de FHC, quando, devido aos choques externos desencadeados, em 1994, pela crise mexicana e agudizada, em 1997, pela crise asiática e, em 1998, pela moratória da Rússia, ataques especulativos (fugas de divisas), tendentes a desvalorizar a moeda nacional, fizeram-se sentir. Reagindo, o governo centrou forças para manter a estabilidade do real, elevando sobremaneira os juros para manter a economia interna desaquecida e o equilíbrio externo sob controle. Essa reação seria recorrentemente adotada até o ataque externo decisivo contra o real, em janeiro de 1999 (já no segundo mandato de FHC), perante o qual o governo teve de capitular: tornou o câmbio flutuante e desvalorizou o real.

Cabe registrar, também, que, ao lado da preocupação com a estabilidade da moeda, FHC tinha uma outra prioridade — pessoal e política —, que habilmente associou à garantia de sucesso, a longo prazo, do Plano Real. Tratava-se da sua reeleição à Presidência da República, a qual exigiu de FHC, durante todo o seu primeiro mandato, intenso envolvimento pessoal e articulações políticas nada edificantes (tal qual fizera Sarney), para fazer aprovar essa pretensão no Congresso Nacional. E isso, evidentemente, contribuiu para desviar a atenção do governo dos problemas econômicos e sociais que se avolumavam.

Para não dizer que a área social ficou totalmente à margem das atenções governamentais, cabe mencionar o Programa Comunidade Solidária, criado no dia da primeira posse do presidente FHC, mediante Medida Provisória (MP 813/95), como estratégia de combate à pobreza. Mas esse programa, a par de querer reeditar — na estratégia e na intenção — o controvertido PCFMV do governo anterior, sobrepôs-se à nova concepção de assistência social preconizada pela Constituição e regulamentada pela LOAS, tornando-se redundante, quando não extemporânea. Ironicamente, o Comunidade Solidária acabou por reeditar ações assistencialistas da Legião Brasileira de Assistência, fruto da era Vargas, tão abominadas pelo governo, e, pior, desconsiderou determinações constitucionais.

BREVE HISTÓRICO DAS POLÍTICAS DE SATISFAÇÃO DE NECESSIDADES BÁSICAS   **173**

A obsessiva preocupação governamental com a contenção do déficit público e com o equilíbrio orçamentário, no bojo de sua conturbada política de ajuste fiscal, deteriorou qualitativa e quantitativamente o sistema de proteção social a duras penas construído no Brasil, desde os anos 30.

Hoje, aproximadamente 24 milhões de trabalhadores estão à margem do mercado formal de trabalho e cerca de 10 milhões de brasileiros quedam-se desempregados. Políticas sociais básicas como saúde e educação estão perdendo aceleradamente o seu caráter universal e a sua finalidade pública. A situação dos salários, especialmente a do salário mínimo, é calamitosa. Há cinco anos os servidores públicos não recebem aumento, e o salário mínimo continua arrochado. As justificativas apresentadas pelo governo para manter o salário mínimo tão baixo (desequilíbrio das contas da Previdência, aquecimento do consumo, aumento da inflação etc.) só servem para confirmar a sua relutância em combater a pobreza. Paralelamente a isso, a propalada redistribuição de renda da fase inicial do Plano Real perdeu solidez. "O rendimento médio das pessoas ocupadas vem caindo a um ritmo crescente desde 1997; entre 1996 e 1998, enquanto o total de ocupados aumentou apenas 3% (dados da PNAD), o número de pessoas ocupadas com rendimentos iguais ou inferiores a um salário mínimo aumentou quase 13% e aqueles com remuneração superior a dez salários mínimos viram queda de cerca de 18%. Ou seja, há um claro deslocamento dos trabalhadores ocupados para os níveis mais baixos de remuneração" (Mercadante, 2000).

Para agravar essa situação, Estados e municípios, que poderiam, mais agilmente, prestar serviços sociais públicos locais — valendo-se da autonomia, para esse fim, que a Constituição lhes confere —, estão obrigados, em nome da defesa do Plano Real, do ajuste fiscal e do equilíbrio macroeconômico, a amortizar as suas dívidas para com a União, mediante acordos que comprometem de 10% a 15% de suas receitas líquidas (Singer, 1999:39). Mesmo assim, vários Estados e municípios criaram, autonomamente, programas de renda mínima, de caráter condicional, atrelados à obrigatoriedade das famílias pobres de manterem seus filhos na escola.

Seguindo essa tendência (até porque ela tem raízes liberais), o governo federal, antevendo a reeleição, criou também o seu programa de renda mínima em dezembro de 1997, atrelando-o, igualmente, à obrigatoriedade da escola, para retirar das ruas e "da prática condenável do trabalho infantil", especialmente no meio rural, crianças pobres. Mas, assim como aconteceu com o Comunidade Solidária, tal programa se sobrepôs às propostas congêneres já implantadas por Estados e municípios[52] e, principalmente, ao projeto do senador Eduardo Suplicy[53], do Partido dos Trabalhadores (PT-SP), em tramitação no Congresso Nacional desde 1991. Além disso, o referido programa revelou-se altamente seletivo, tanto em relação aos destinatários quanto em relação aos gastos previstos, pois reduziu o número de municípios a serem atendidos e o montante do recurso a ser empregado. Trata-se, como diz reportagem da *Folha de S. Paulo* (1998b), de um programa de "renda mínima" em que os recursos também são "mínimos" e, conseqüentemente, acrescentamos, mínimos ou perversos serão os seus resultados. Se não, vejamos, com base na citada reportagem: enquanto o projeto de Suplicy previa um volume de recursos da ordem de R$ 3 bilhões para atender a sete milhões de famílias pobres durante cinco anos, a partir da aprovação do projeto, o governo federal planejou gastar no máximo 50% do programa, deixando o restante com os municípios eleitos para este fim, ou seja, com aqueles municípios pobres que tiverem receita tributária por habitante e renda familiar por habitante inferior às médias do Estado. Ora, como em 1999 o governo

---

52. No Brasil, o primeiro programa de renda mínima foi adotado em Campinas (SP), em 1994. Desde então, com esta ou outras denominações e diferentes critérios de elegibilidade, quase uma dezena de Estados e mais de cinqüenta municípios implantaram ou estudam a idéia.

53. O projeto de Suplicy foi aprovado pelo Senado em 16 de dezembro de 1991. Para ser sancionado pelo Presidente da República deveria passar pela apreciação da Câmara dos Deputados. Nesta, porém, o projeto permaneceu de 1992 a 1996, na Comissão de Finanças e Tributação, sendo substituído por um outro texto, de autoria do relator Germano Rigotto. Nessa altura, um outro projeto semelhante, do Deputado Nelson Marchezan, tramitou na Câmara, voltou ao Senado, e na forma de um parecer do senador Lúcio Alcântara (PSDB-CE), recebeu aprovação final na Câmara e sanção do presidente da República.

BREVE HISTÓRICO DAS POLÍTICAS DE SATISFAÇÃO DE NECESSIDADES BÁSICAS 175

previu gastar apenas R$ 200 milhões, isso significa que se ele se ativer ao valor mínimo do benefício, que é de R$ 15,00[54], atenderá no máximo a 2,2 milhões de famílias (de um total de 10,3 milhões) com renda *per capita* inferior a meio salário mínimo (exigência do programa). Isso se o município arcar com 50% desse valor. Caso contrário, o programa se tornará mais restritivo, funcionando, a nosso ver, como uma condenável "armadilha da pobreza".

Também com vista à reeleição, FHC apresentou, em setembro de 1998, as metas de seu segundo programa de governo para até 2002. No lançamento do programa admitiu que a miséria no Brasil é "motivo de vergonha e indignação", propondo-se a debelá-la com o resgate de mais de cinco milhões de famílias da indigência, por meio de medidas emergenciais e genéricas, tais como: "garantia de estoques de emergência de alimentos para calamidades, distribuição de cestas básicas nos focos agudos de fome (...) e programas de alimentação associados a ações de saúde voltados para a erradicação da desnutrição em crianças menores de dois anos" (*Folha de S. Paulo*, 1998a; 1998b).

Propôs, ainda, dar continuidade a programas de transferência direta de renda, já implantados no país, como o Benefício de Prestação Continuada (BPC) para idosos e pessoas portadoras de deficiência, regidos pela LOAS, o seguro-desemprego e a renda mínima para famílias pobres assumidas pelos municípios.

Quanto à reforma agrária — uma demanda exaustivamente colocada na agenda pública pelo Movimento dos Trabalhadores Sem-Terra (MST) em todo o primeiro mandato de FHC —, o programa de governo para o segundo mandato fala genericamente de uma política fundiária, sob o título "Um Novo Mundo Rural", mas sem estabelecer metas de assenta-

---

54. "O cálculo do benefício será feito com base em uma fórmula que leva em conta o número total de dependentes até 14 anos, inclusive os que não estão em idade escolar. Para saber quanto poderá ganhar, uma família terá de multiplicar o número de crianças de 0 a 14 anos por R$ 15,50 e, do resultado, diminuir a metade da renda *per capita* familiar. Uma família de seis pessoas (com quatro crianças) e com renda total de R$ 300,00 (R$ 50,00 *per capita*), por exemplo, terá direito a uma ajuda de R$ 35,00" (*Folha de S. Paulo*, 1997).

176 NECESSIDADES HUMANAS: Subsídios à crítica dos mínimos sociais

mentos (*Folha de S. Paulo*, 1998b). Em vez disso, o documento prefere remeter-se às ações já realizadas no meio rural, como o Programa de Fortalecimento da Agricultura Familiar (PRONAF), e à distribuição de cerca de 38 milhões de cestas básicas, em 1998, nas áreas de seca.

Dentre outras realizações sociais do primeiro mandato, o documento ressalta também as 35 milhões de refeições servidas diariamente aos alunos do ensino fundamental, mediante o programa de merenda escolar, e os 8 milhões de pessoas atendidas mensalmente pelo Programa de Alimentação do Trabalhador.

Entretanto, uma vez reeleito, FHC continuou prisioneiro da sua política de estabilização, que novamente o conduziu ao poder, sendo incapaz de formular uma agenda voltada para ultrapassá-la ou para construir uma proposta de desenvolvimento livre do fundamentalismo neoliberal.

A persistência de problemas ingentes, não enfrentados no seu primeiro mandato, é desalentadora. O agravamento do desemprego e da pobreza é a melhor ilustração dessa inércia governamental. Não é à toa que estudos internacionais mostram que o Brasil paga um dos piores salários mínimos do mundo e não investe na escolaridade e na qualificação da mão-de-obra (Relatório Anual do World Economic Forum, *apud* Barbosa 2000). Além disso, paradoxalmente, não há políticas de satisfação de necessidades sociais básicas, por se entender, tal como reza o credo liberal, que as pessoas devem se autoprover mediante o trabalho, apesar de o governo não implementar políticas de melhoria da qualidade e da quantidade de postos de trabalho.

Mas não só a inércia caracteriza a relação do governo FHC com os problemas econômicos e sociais do país. Esta relação contém, muitas vezes, ações que demonstram o quanto o governo continua prioritariamente empenhado em proteger o capital (especialmente o estrangeiro) à custa do trabalho, seja rebaixando o poder de compra e de consumo do trabalhador, seja esvaziando direitos sociais que o protegiam da insegurança social e dos caprichos do Estado e do mercado.

BREVE HISTÓRICO DAS POLÍTICAS DE SATISFAÇÃO DE NECESSIDADES BÁSICAS **177**

Duas atitudes governamentais recentes dão mostras dessa disposição. A primeira é a que trata do estabelecimento do valor do novo salário mínimo, divulgado em abril de 2000 e aprovado pelo Congresso nacional, em maio do mesmo ano. O acréscimo de apenas 11% no salário anterior, que, de R$ 136,00, passou para R$ 151,00 desagradou inclusive a parlamentares governistas que queriam o novo salário mínimo correspondente a US$ 100, ou R$ 177,00. Para não criar problemas com os seus aliados, o presidente da República adotou uma solução inédita no Brasil: decidiu deixar para os Estados da Federação a liberdade de ultrapassar o salário mínimo nacional, através de pisos diferenciados. Com isso, o Executivo federal acabou separando o piso pago pela Previdência Social do que será adotado no restante da economia, contrapondo-se, com esse ato, à tendência internacional de estipular um salário-base para todos os trabalhadores, visando ao aumento de seu poder de compra.

O Brasil do segundo governo FHC, portanto, adotou um salário mínimo que não acompanha nem mesmo os níveis salariais de seus parceiros do MERCOSUL, pois, na Argentina, o salário mínimo equivale a R$ 376,00, no Uruguai a R$ 338,00 e no Paraguai a R$ 263,00.

Para oferecer um álibi aos parlamentares que ameaçaram não aprovar a sua proposta, o governo fechou um acordo pelo qual fixará um novo valor para o salário mínimo (sem explicitar qual), entre janeiro e abril de 2001, mas com a ressalva de que deve haver fontes adicionais de receita e garantia de cumprimento de metas fiscais do governo, o que torna a promessa difícil de ser cumprida.

A outra atitude foi a apresentação recente pelo governo de um projeto de flexibilização da legislação trabalhista, mediante a qual direitos garantidos aos trabalhadores pela Constituição de 1988 (salário mínimo, Fundo de Garantia por Tempo de Serviço, seguro-desemprego, férias anuais, 13º salário, aposentadoria, licença-maternidade, etc.) seriam flexibilizados (leia-se: desmantelados), sob o imperativo de baixar os custos de contratação da mão-de-obra. Isso, inevitavelmente, conduzirá a maior degradação das condições de vida dos

178   NECESSIDADES HUMANAS: Subsídios à crítica dos mínimos sociais

trabalhadores e a um aumento da precarização do trabalho e da segurança social, já tão fragilizada.

Do exposto depreende-se que o governo FHC, ao invés de significar uma referência inovadora, progressista e democrática, como sempre deu a entender seria, representa o oposto de tudo isso. A agenda de reformas dos anos 90, iniciada no governo Collor e encampada, de modo radical, por FHC, caracteriza-se mais exatamente como uma ruptura com as propostas progressistas dos anos 80, tributárias da Constituição Federal de 1988.

Há, pois, fundadas razões para se acreditar que, neste governo, o Brasil assistiu não só à destruição de um legado de conquistas institucionais, econômicas e sociais, construído entre os anos 30 e 80, mas também a flagrantes demonstrações de idiossincrasia governamental com os trabalhadores e com os mais pobres. Trata-se, evidentemente, de um governo anti-social, que, ao aderir à ala mais fundamentalista do neoliberalismo, não se preocupou sequer em garantir o mínimo de proteção social, admitido até mesmo por Hayek (o pai do neoliberalismo ortodoxo), em casos de pobreza crítica.

O pequeno número de idosos (cerca de 16% da demanda prevista) e de pessoas portadoras de deficiência (cerca de 22% do mesmo tipo demanda) (Calsing, *apud* Stein, 1999; Ferreira, 1999) que recebe, mensalmente, um benefício monetário no valor de um salário mínimo (o Benefício de Prestação Continuada — BPC —, preceituado no art. 20 da LOAS) tem sido, cada vez mais, submetido a critérios rigorosos de elegibilidade[55] — que reeditam no Brasil o princípio liberal europeu da *menor elegibilidade* inventado no século XIX.

---

55. Como se não bastasse a excludente linha de pobreza adotada oficialmente para efeito de concessão do BPC (menos de 1/4 do salário mínimo *per capita* familiar), os atuais critérios de elegibilidade para o acesso ao benefício são bem mais rigorosos e focalizados do que os adotados quando da criação dessa provisão, em 1996. Hoje, como resultado da revisão do BPC, o demandante é pontuado de acordo com indicadores seletivos constantes de uma tabela curiosamente denominada de "Acróstico" social e pericial-médico, os quais contemplam com o atendimento aquele com melhor classificação na escala (estigmatizadora) de carecimentos. Isso

BREVE HISTÓRICO DAS POLÍTICAS DE SATISFAÇÃO DE NECESSIDADES BÁSICAS   179

A radicalidade da focalização dos gastos e da cobertura no campo das políticas sociais tem criado, especialmente neste governo, mais problemas do que soluções, pois, além de tal tendência violar direitos sociais adquiridos, deixa no abandono consideráveis parcelas da população que, não obstante pobres, não se enquadram nos parâmetros focalizadas de pobreza definidos oficialmente. Como é óbvio, tais parcelas desassistidas têm descambado para a pauperização geradora de uma espiral crescente e diversificada de *descapacitações*, aumentando, assim, o escopo da miséria no Brasil. Daí por que as políticas sociais focalizadas, além de se transformarem em "armadilha da pobreza", expressam uma crassa irracionalidade governamental.

Está certo que, por força da LOAS, o governo FHC viu-se instado a tematizar, nos últimos anos, a noção de *mínimos sociais*, com vista à regulamentação dessa matéria na LOAS e à instrumentação da Política de Assistência Social a cargo do órgão gestor dessa política no âmbito federal — a Secretaria de Estado de Assistência Social (SEAS), do Ministério da Previdência e Assistência Social (MPAS). Acontece que os poucos esforços empreendidos para a definição desses *mínimos* são ainda incipientes e experimentais. A maioria toma a noção de mínimos sociais ao pé da letra e a relaciona a necessidades sociais elementares, cuja satisfação é concebida como um atendimento setorial em conformidade com a tradicional setorialização existente no campo da política social (saúde, educação, previdência, etc.). Ademais, tais esforços vêm reproduzindo os mesmos problemas conceituais indicados na parte teórica deste livro, dentre os quais destacam-se: o *relativismo* na concepção de

---

indica que de nada têm adiantado os clamores e gestões da sociedade para elevar essa linha de pobreza. As Conferências de Assistência Social realizadas desde 1995, nos diferentes níveis da Federação, têm insistido neste ponto. Setores intelectuais e políticos têm sistematicamente apontado a perversidade desse critério de elegibilidade. Atualmente, segundo Ferreira (1999), tramitam na Câmara Federal dos Deputados dezenove projetos de lei propondo a elevação desse patamar, sem que o governo tome qualquer medida positiva. Talvez seja por isso que o documento que trata da revisão do BPC considere esse benefício indigno, quando aponta como objetivo da revisão "a saída com dignidade da condição de beneficiário do BPC" (MPAS/SEAS, dez. 1999).

necessidades e a identificação de necessidades com *preferências*, *desejos* e até *compulsões*, o que dificulta a definição de políticas públicas, e facilita a ingerência do mercado e de ações voluntárias no processo de provisão social.

Mas nem mesmo essas tentativas de criar uma noção minimamente consensual em torno da satisfação de necessidades primárias[56] têm tido eco no âmbito do próprio Estado. A reflexão oficial sobre a noção de mínimos sociais estacionou e as políticas de satisfação de necessidades estão sendo adotadas pelo governo sem parâmetros seguros e sem recursos adequados e suficientes. As políticas de Seguridade Social, que deveriam ser financiadas com recursos orçamentários formados por contribuições sociais e com recursos do orçamento fiscal da União, dos Estados e dos municípios (como prevê o art. 195 da Constituição Federal), estão desfalcadas, inclusive de sua própria receita. É que o governo, além de não repassar para a Seguridade recursos do orçamento fiscal, retira do orçamento desta recursos de contribuições para financiar ações não previstas na Constituição. E, no rol desses desfalques, a política de assistência social é a mais apenada, pois geralmente é a que fica com recursos ínfimos e incertos.

Parafraseando Marx (1978:18), diríamos, portanto, que a "ausência de medidas e as desmedidas passam a ser a verdadeira medida" das atuais políticas sociais focalizadas brasileiras, as quais, ao reduzirem as necessidades dos pobres "à mais miserável manutenção da vida física, e sua atividade ao mais abstrato movimento mecânico", acabam por fazer acreditar que o pobre não tem "nenhuma necessidade de atividade nem de gozo e que esta vida é *também* vida e modo de existência *humanas*".

---

56. Um dos mais significativos esforços nesse sentido foi o empreendido pela Fundação de Desenvolvimento Administrativo de São Paulo — FUNDAP (1999), em convênio com a SEAS/MPAS. Neste esforço nota-se um intento de construção de uma lista de necessidades primárias, catalogadas por setores da política social, para servir de referência a uma política o mais abrangente possível de satisfação mínima dessas necessidades setoriais. Contudo, como se trata de uma primeira aproximação ao tema, o produto desse esforço, não obstante louvável, apresenta os problemas conceituais acima mencionados.

PONDERAÇÕES FINAIS

A análise empreendida neste livro conduz a deduções um tanto quanto heréticas quando confrontadas com o pensamento dominante sobre a noção de *mínimos sociais* associada ao conceito de *necessidades básicas*.

Primeiro, porque rejeitamos, de partida, a noção de *mínimos* — tão valorizada pela ideologia neoliberal — como critério de definição de políticas de satisfação de necessidades básicas. Em vez de *mínimos*, preferimos trabalhar com a noção de *básicos*, porque ela não expressa a idéia de prestação *ínfima* e isolada de provisão social e, portanto, permite a inferência de que níveis superiores e concertados de satisfação devem ser perseguidos quando se lida com necessidades *humanas*.

Segundo, e conseqüentemente, porque não concordamos com a tendência corrente de equiparar necessidades humanas básicas à sobrevivência biológica, nem com a idéia, acatada até por renomados pensadores, de que necessidade básica é um fenômeno social relativo, sujeito a variações. Baseando-nos em teorias recentes, produzidas por pensadores socialistas, sustentamos a plausibilidade da formulação de um conceito *objetivo* e *universal* de necessidades humanas básicas, que leve em conta tanto a dimensão natural dos seres humanos quanto a social e sirva ao mesmo tempo de:

a. precondição à satisfação otimizada de necessidades humanas básicas;

182 NECESSIDADES HUMANAS: Subsídios à crítica dos mínimos sociais

b. parâmetro confiável e coerente à formulação de políticas de satisfação dessas necessidades;

c. critério de referência para a definição de direitos sociais correspondentes.

O que nos moveu, ao procedermos assim, não foi o impulso puro e simples de demolir mitos e valores cristalizados na concepção e na prática da política social capitalista (mormente da assistência social), nem tampouco o desejo — tão comum no mundo acadêmico — de marcar diferença. Moveu-nos, principalmente, uma forte preocupação com os impactos perversos que uma concepção restritiva e relativa de necessidades básicas pode acarretar ao já combalido sistema de proteção social brasileiro. Sim, porque tal concepção, uma vez legitimada, justificará toda sorte de atentados contra a proteção social pública, produzindo as seguintes conseqüências: dará margem ao domínio do mercado e da espontaneísta iniciativa privada no processo de provisão de bens e serviços básicos à população, acompanhado do rechaço aos direitos sociais, à universalização do atendimento, ao profissionalismo, à liberdade positiva (que requer o comprometimento do Estado com a satisfação de necessidades) e ao controle democrático.

Foi a perspectiva, portanto, de legitimação no Brasil desses problemas — escamoteados oficialmente pelo discurso atraente da liberdade negativa e pela censura moralista contra as políticas sociais públicas (especialmente a assistência), acusadas de paternalistas — que nos levou a mostrar quanto esse discurso é ideológico. Isto é, quanto ainda está viva a clivagem entre *direita* e *esquerda* nos círculos intelectuais e políticos ligados aos processos de tomada de decisões e de gestão de políticas públicas, embora a direita (hoje representada pela chamada "Nova Direita" — fusão de neoliberais e neoconservadores) veicule a idéia de que essa clivagem acabou. Não foi por acaso, pois, que a "Nova Direita" se apropriou de bandeiras das *esquerdas,* como a descentralização político-administrativa, a participação da sociedade, o controle democrático, etc., para se tornar hegemônica, e procurou

BREVE HISTÓRICO DAS POLÍTICAS DE SATISFAÇÃO DE NECESSIDADES BÁSICAS **183**

atrair para a sua esfera de influência (no que tem tido sucesso) adeptos antes arredios. Isso sem falar da ampla e premeditada veiculação, com a ajuda da mídia, da falsa idéia de que as esquerdas não têm propostas políticas.

Nesse empreendimento, tivemos a confirmação de quão importante é, para a conscientização e a luta política, bem como para o comprometimento ético com a causa das necessidades e dos direitos humano-sociais, o respaldo de teorias, principalmente daquelas criteriosamente elaboradas e colocadas a serviço do interesse público. Isso porque, sem a existência de referências teórico-conceituais alternativas, coerentes e consistentes, dificilmente se consegue contra-arrestar a "retórica da intransigência" do pensamento reacionário de que nos fala Hirschman, que rotula de fútil, ameaçadora ou defasada toda e qualquer intenção progressista de sobrepor às aspirações desmedidas do mercado as necessidades humanas. Dificilmente, também, se desmontam os argumentos, aparentemente corretos, de neoliberais e neoconservadores, de que é mais democrático e justo atender a demandas e preferências individuais, através do mercado, do que necessidades sociais, por meio de instituições coletivas, incluindo o Estado como garante de direitos.

Daí considerarmos importante colocar à disposição da sociedade e das instituições incumbidas de regular e gerir políticas sociais — especialmente a assistência — um referencial teórico norteador de uma outra compreensão acerca das necessidades básicas e das formas de satisfazê-las, que não contribua para aprisionar os legítimos demandantes dessas políticas em uma "armadilha da pobreza". Mas não somente isso. Consideramos também importante avançar da discussão teórica, apresentando — no plano da empiria — controvérsias, teses equivocadas e promissoras, alternativas políticas, bem como experiências nacionais e estrangeiras que retratam o domínio do pensamento conservador e a *performance* das políticas sociais, tributárias predominantemente desse domínio.

O desenvolvimento dessas duas tarefas — apresentar um referencial teórico e a dinâmica concreta das políticas de

184 NECESSIDADES HUMANAS: Subsídios à crítica dos mínimos sociais

satisfação de necessidades, no curso da história — permitiu-nos constatar que, desde o início dos anos 90, teóricos de esquerda vêm tentando encontrar alternativas à hegemonia neoliberal/neoconservadora no campo das políticas sociais, para além dos enquadramentos keynesianos do *Welfare State* e do socialismo real. A maior parte deles centrou-se na temática da renda básica garantida (*basic income*), e não propriamente dos mínimos sociais, reinterpretando-a à luz de valores socialistas em face dos problemas desencadeados por uma nova ordem econômica mundial. Assim, a partir dessa temática, socialistas das mais diferentes identificações (ambientalistas, feministas, anti-racistas, libertários de esquerda, democratas radicais) podem ser agrupados em torno de uma comum rejeição ao atual determinismo econômico e domínio do mercado, bem como do propósito de romper com a atual lógica produtivista do capitalismo. A importância dada por esse grupo à renda garantida repousa na crença de que ela pode funcionar como um instrumento de libertação do homem da ideologia do trabalho reprodutora das sociedades capitalista avançadas[57]. Ou, dizendo melhor, com a ajuda de Little (1998:2-3): tal grupo, identificado por Gorz como representante de um *socialismo pós-industrial*, defende a redução das horas de trabalho para todos como uma forma de negar a sociedade produtivista contemporânea. Para tanto, reivindica alguma forma de renda garantida como compensação de pagamento das horas não trabalhadas para que as pessoas possam trabalhar menos e adquirir, simultaneamente, maior controle sobre o seu próprio tempo. Mas essa medida não deve ser tomada isoladamente, porque pode contribuir para reproduzir o sistema capitalista; deve fazer parte de um projeto político transgressor da ordem vigente, pois só assim constituirá uma limitação ao produtivismo capitalista e uma rejeição à sociedade de mercado (embora não necessariamente ao mercado, que deverá ser controlado).

---

57. Desse grupo naturalmente não fazem parte alguns membros da chamada centro-esquerda, como os filiados ao *Labour Party*, na Grã-Bretanha, que formulam programas levando em conta os mecanismos do mercado livre.

BREVE HISTÓRICO DAS POLÍTICAS DE SATISFAÇÃO DE NECESSIDADES BÁSICAS 185

Dessa forma autores contemporâneos como Habermas, Gorz, Van Parijs, Offe, Lodziak, dentre outros, ao advogarem a renda garantida como uma forma de ruptura do elo entre o bem-estar e o trabalho, acabaram por desencadear uma discussão complexa (partindo de um tema simples), que vem ganhando corpo nos meios intelectuais e políticos da atualidade. Contudo, na base dessa discussão existe uma categoria-chave que deveria ser teoricamente enfrentada. Trata-se das *necessidades humanas básicas*, cuja satisfação tem constituído, através dos tempos, uma arena real de conflitos de interesses, inclusive de classes. Foi em torno das necessidades humanas — um dos mais controvertidos conceitos no campo da proteção social — que alguns socialistas pós-industriais (Doyal e Gough, particularmente, seguindo Plant e Sen, dentre outros) desenvolveram fecundas análises, destacando as principais distorções nas percepções de tais necessidades e nas respostas a elas endereçadas, no âmbito das sociedades capitalistas avançadas, escravas que são do produtivismo e do consumismo. E foi também em torno dessa categoria que desenvolvemos a análise contida neste livro, pelas seguintes razões: a) porque essa é a categoria que melhor explica a dinâmica das relações de poder, nas sociedades capitalistas; b) porque ela está na base da questão social, que suscita respostas políticas; c) porque é ela que, uma vez retrabalhada do ponto de vista socialista, poderá constituir um contraponto problematizador à atual hegemonia das políticas sociais neoliberais/neoconservadoras e contribuir para a formação de uma "cultura de oposição" no seio do próprio capitalismo. Tudo vai depender da encampação dessa cultura por atores interessados e capazes de transformar as necessidades básicas em verdadeiras questões sociais.

Isso não significa que a teoria das necessidades humanas básicas produzida por Doyal e Gough esteja isenta de polêmicas (intelectuais e políticas) e que seja de fácil aplicação, já que não tem caráter prescritivo. Mas, sem dúvida, ela oferece uma *rationale* a partir da qual é possível repensar as políticas sociais contemporâneas.

Mesmo elaborada no chamado Primeiro Mundo, esta teoria — dado o seu caráter universal — pode ser útil às reflexões e ao debate críticos sobre a questão das necessidades humanas básicas no Brasil, país capitalista periférico que sempre relutou em adotar políticas concertadas de satisfação de carecimentos, por mínimos que fossem. Efetivamente, a noção de mínimos contemplada na política social brasileira sempre esteve afeta ao salário e à renda da população pobre e, mesmo assim, de forma ínfima e sem o devido vínculo orgânico com as demais provisões sociais ou com projetos políticos de otimização de satisfações de necessidades básicas. Disso não se segue que não tenha havido no Brasil um sistema de bem-estar nem um Estado (imbricado à sociedade) envolvido com os processos de decisão, regulação e provisão de benefícios e serviços sociais, o que já lhe garante o rótulo (e não o conceito), tal como nos demais, de "Estado de Bem-Estar". Entretanto, tal sistema e tal Estado, por estarem mais afeitos a atender e a estimular demandas e preferências individuais, privaram a política social de guiar-se por uma racionalidade coletiva que funcionasse como um antídoto ao clientelismo, ao populismo e ao voluntarismo.

No campo particular da assistência social — uma área ainda muito mal compreendida no Brasil — essa *rationale* poderá, pelo menos, conduzir ao entendimento de que a política pública de assistência social é um processo complexo que possui, ao mesmo tempo, caráter *racional, ético* e *cívico* (Pereira, 2000).

Racional, porque deve resultar de um conjunto articulado de decisões coletivas que, por sua vez, devem se basear em indicadores científicos. Isso significa que a racionalidade dessa política está no fato de que ela deve ser informada por estudos e pesquisas e estar sujeita a permanente avaliação, especialmente no que diz respeito a seus resultados e impactos. Nesse sentido, a *política* em apreço tem uma conotação particular. Trata-se de um processo, geralmente conflituoso, de tomadas de decisões coletivas com vista à definição de ações voltadas para a satisfação sistemática, continuada e previsível de necessidades sociais. Ou melhor, trata-se de um processo que implica não só *gestão* e *aplicação* de programas, serviços e recursos, voltados para a subsistência de indivíduos e grupos, mas principalmente de definição de pri-

BREVE HISTÓRICO DAS POLÍTICAS DE SATISFAÇÃO DE NECESSIDADES BÁSICAS 187

oridades, estratégias e metas, tendo como compromisso a otimização da satisfação de necessidades básicas.

Ético, porque o combate às iniqüidades sociais, mais do que um ato de eficácia administrativa, constitui uma *responsabilidade moral* que nenhum governo sério deve abdicar. Contra o egoísmo imoral de se tirar proveito da fome, da miséria, da ignorância, da falta de perspectivas de milhares de pessoas, deve prevalecer o sentimento de que é moralmente condenável não se fazer *de tudo* para sanar essas calamidades sociais. Para tanto, na falta de condições básicas para que as pessoas possam exercer a sua humanidade, deve-se prover sim o *peixe,* a *vara de pesca* e o *ensinamento de como pescar,* o que contraria o velho projeto chinês, já mencionado e acatado pelos liberais. E é esse sentimento que elege a *justiça social* como a principal referência da política de assistência social.

Cívico, porque a política de assistência social deve ter uma vinculação inequívoca com os direitos de cidadania social, visando concretizá-los no que lhe couber. Concretizar direitos sociais significa prestar à população, como dever do Estado, um conjunto de benefícios e serviços que lhe é devido, em resposta às suas necessidades sociais. Sendo assim, o direito a ser concretizado pela política de assistência social afigura-se ao mesmo tempo como um *dever de prestação* por parte do Estado e um *direito de crédito,* por parte da população, àquilo que lhe é essencial para garantir a sua qualidade de vida e o pleno exercício de sua cidadania.

É com base nesse referencial que os atores envolvidos com a política de assistência social devem envidar esforços para aperfeiçoar conceitual e normativamente a LOAS e resistir contra a atual tendência existente no Brasil — na nossa opinião irracional e perversa — de priorizar políticas sociais focalizadas, reprodutoras da pobreza extrema.

*Dixi et salvavi animan mean**

---

* "Disse e salvei a minha alma". Frase de Marx ao final de sua crítica aos princípios econômicos e sociais lassallianos, contidos no "Programa de Gotha".

BIBLIOGRAFIA

ABRAHAMSON, Peter. Welfare pluralism: towards a new consensus for a European social policy? In: *The mixed economy of welfare*. Leicestershire, Great-Britain, Ed. Cross National Research Papers, 1992.

_____. Regimes europeus del bienestar y políticas sociales europeas: ¿Convergencia de solidariedades? In: SARASA, Sebastià e MORENO, Luis. *El Estado del bienestar en la Europa del Sur*. Madrid, CSIC, 1995.

_____. *Keynot adress in New Directions in Social Welfare*. Report of a Conference of the Irish Presidency of the European Union. Dublin, 1996.

_____. Exclusión social en Europa: ¿Vino viejo en odres nuevos? In: MORENO, Luis. *Unión Europea y Estado del Bienestar*. Madrid, CSIC, 1997.

_____. Postmodern governing of social exclusion: social integracion or risk management? Paper prepared for apresentation at the 14th World Congress of Sociology, Montreal/Canada, July 26th to August 1st, 1998. Departament of Sociology, University of Copenhagen.

ALBER, Jen. A framework for the comparative study of Social Services. *Journal of European Social Policy*, Longman Group UK Ltd., v. 5, n. 2, p. 131-149, 1995.

ARENDT, Hannah. *O que é política?* Rio de Janeiro, Bertrand Brasil, 1998.

190 NECESSIDADES HUMANAS: Subsídios à crítica dos mínimos sociais

BARAN, Paul e SWEEZY, Paul. *Capitalismo monopolista: ensaio sobre a ordem econômica e social americana*. Rio de Janeiro, Zahar, 1974.

BARBOSA, Flávia. Multinacionais aprovam CLT. *Jornal do Brasil*, 17 de janeiro de 2000.

BAUGH, W. E. *Introduction to the Social Services*. London, MacMillan, 1977.

BENSAÏD, Danniel. *Marx, o intempestivo: grandezas e misérias de uma aventura crítica*. Rio de Janeiro, Civilização Brasileira, 1999.

BEVERIDGE, William. *O Plano Beveridge*. Tradução de Almir de Andrade. Rio de Janeiro, José Olympio, 1943.

BOBBIO, Norberto. *A era dos direitos*. Rio de Janeiro, Campus, 1992.

BRASIL. Lei nº 185, de 14 de janeiro de 1936. Institui as Comissões de Salário Mínimo. *Diário Oficial [da República Federativa do Brasil]*. Rio de Janeiro, 1936.

_____. Decreto-lei nº 399, de 30 de abril de 1938. Aprova o regulamento para execução da Lei nº 185, de 14 de janeiro de 1936, que institui as Comissões de Salário Mínimo. *Diário Oficial [da República Federativa do Brasil]*, Rio de Janeiro, 1938.

_____. Decreto-lei nº 2.162, de 1º de maio de 1940. Institui o salário mínimo e dá outras providências. *Diário Oficial [da República Federativa do Brasil]*, Rio de Janeiro, 1940.

_____. *Constituição*: República Federativa do Brasil. Brasília, Senado Federal, Centro Gráfico, 1988.

_____. Lei nº 8.742, de 7 de dezembro de 1993. Lei Orgânica da Assistência Social — LOAS. *Diário Oficial [da República Federativa do Brasil]*, Brasília, 1993.

CABRERO, Rodrigues. Por um nuevo contrato social: el desarrollo de la reforma social en el ambito de la Unión Europea. In: MORENO, Luis. *Unión Europea y Estado del Bienestar*. Madrid, CSIC, 1997.

CANZIAN, Fernando. Consenso de Washington foi longe demais, diz seu ideólogo. *Folha de S. Paulo*, São Paulo, 3 out. 1999.

CARVALHO, Mário Cesar. Mapa da exclusão. *Folha de S. Paulo, b*, São Paulo, 26 set. 1998.

CASTEL, Robert. Elargir l'assiette. In: *Protection sociale au politique de trancher*. Revue Trimestrille, n. 65, Paris, Project 242, 1995.

BIBLIOGRAFIA

CASTEL, Robert. *As metamorfoses da questão social: uma crônica do salário*. Petrópolis, Vozes, 1998.

_____, WANDERLEY, L. e WANDERLEY-BELFIORI, M. *Desigualdade e a questão social*. São Paulo, EDUC, 1997.

CASTRO, Reginaldo. As medidas provisórias. *Jornal do Brasil*. Rio de Janeiro, 24 de janeiro de 2000.

CEPAL. *Opciones y falsos dilemas para los años noventa: lo nuevo y lo viejo en política social en América Latina*. LC/R. 852, 26 dec. 1989.

CHAUI, Marilena. Público, privado, despotismo. In: NOVAES, Adauto (org.). *Ética*. São Paulo, Companhia das Letras, 1991.

CHESNAIS, François (coord.). *A mundialização financeira: gênese, custos e riscos*. São Paulo, Xamã, 1998.

CLARK, John M. *Instituições econômicas e bem-estar social*. Rio de Janeiro, Zahar, 1967.

DITCH, John e OLDFIELD, Nina. Social Assistance: recent trends and themes. *Journal of European Social Policy*, London, Thousand Oaks and New Delhi, SAGE Publications, n. 1, p. 65-76, 1999.

DOYAL, Len e GOUGH, Ian. *A theory of human need*. London, MacMillan, 1991.

DRAIBE, Sônia M. Qualidade de vida e reformas de programas sociais: o Brasil no cenário latino-americano. *Lua Nova*, São Paulo, n. 31, 1993.

ECONOMIST (The). *Survey Brazil*. London, Dec. 7th, 1991.

ESPADA, João Carlos. *Direitos sociais e cidadania: uma crítica a F. A. Hayek e Raymond Plant*. Portugal, Imprensa Nacional Casa da Moeda, 1997.

ESPING-ANDERSEN, Gøsta. *The three words of welfare capitalism*. Cambridge, Polity Press, 1991.

_____. O futuro do Welfare State na nova ordem mundial. *Lua Nova*, São Paulo, n. 35, 1995.

FAGNANI, Eduardo. Política social e pactos conservadores no Brasil: 1964-92. *Cadernos Fundap*, São Paulo, n. 21, 1996.

FALEIROS, Vicente. *A política social do Estado capitalista: as funções da Previdência e da Assistência Social*. São Paulo, Cortez, 1980.

FERREIRA, Ivanete B. Saídas para a crise: o debate teórico em torno do programa de renda mínima francês. Artigo elaborado a partir do "Mémoire de D.E.A." apresentado à École des Hautes Etudes en Sciences Sociales. Paris, set. 1994.

_____. Assistência Social: os limites à efetivação do direito. Texto elaborado como base para palestra proferida na III Conferência Estadual de Assistência Social, realizada em Campo Grande-MS, em 6/12/1999.

FIORI, José Luis. A política social do governo Collor. *Sociedade e Estado*, Brasília, Departamento de Sociologia da UnB, v. 6, n. 2, 1991.

FITOUSSI, Jean-Paul e ROSANVALLON, Pierre. *A nova era das desigualdades*. Oeiras, Celta, 1997.

FRASER, Derek. *The evolution of the British Welfare State*. London, MacMillan, 1984.

FROMM, Erich. Introducão. In: VV. AA. *Humanismo socialista*. Lisboa, Edições 70, 1976.

GORZ, A. On the difference between society and community, and why basic income cannot by itself confer full membership of either. In: VAN PARIJS, P. (ed.). *Arguing for basic income: ethical foundation for radical reform*. London/New York, Verso, 1992.

GOUGH, Ian. *Economia política del Estado del Bienestar*. Madrid, H. Blume Ediciones, 1982.

_____. Economic institutions and the satisfaction of human needs. *Journal of Economic Issues*, v. 28, n. 1, March 1994.

_____. La asistencia social en la Europa del Sur. In: MORENO, Luis. *Unión Europea y Estado del Bienestar*. Madrid: CSIC, 1997.

_____. What are human needs? In: FRANKLIN, Jane (ed.). *Social policy and social justice*. Cambridge, Polity Press, 1998.

_____. From welfare to workfare: social integration or forcede labour? Conference on politics and instruments of fighting against poverty in European Community: The Guarantee of Minimum Income. Almansil, Algarge, Febr. 1st and 2nd 2000.

HABERMAS, Jürgen. *The theory of communication action*. V. 1, T. McCarthus, Boston, Beacon, 1981.

_____. A nova opacidade: a crise do Estado-providência e o esgotamento das energias utópicas. *Comunicação e Linguagem*, Lisboa, n. 2, dez, 1985.

BIBLIOGRAFIA

HAYEK, F. A. *O caminho da servidão*. 5ª ed. Rio de Janeiro, Instituto Liberal, 1990.

HELLER, Agnes. *O quotidiano e a história*. Rio de Janeiro, Paz e Terra, 1972.

_____. *Para mudar a vida: felicidade, liberdade e democracia*. São Paulo, Brasiliense, 1982.

_____. *A filosofia radical*. São Paulo, Brasiliense, 1983.

_____. *Além da justiça*. Rio de Janeiro, Civilização Brasileira, 1998a.

_____. *Teoria de las necesidades en Marx*. 3. ed. Barcelona, Península, 1998b.

_____ e FEHÉR, Ferenc. *A condição política pós-moderna*. Rio de Janeiro, Civilização Brasileira, 1998.

HIRSCHMAN, Albert O. *A retórica da intransigência: perversidade, futilidade, ameaça*. São Paulo, Companhia das Letras, 1992.

JAGUARIBE, Hélio *et al*. *Brasil 2000: para um novo pacto social*. Rio de Janeiro, Paz e Terra, 1986.

JOHNSON, Norman. *El Estado del Bienestar en transición: la teoría y la practica del pluralismo de bienestar*. Madrid, Ministerio de Trabajo y Seguridad Social, 1990.

KINCAID, J. C. *Poverty and equality in Britain. A study of Social Security and taxation*. Middlesex, England, Penguin, 1975.

LAVINAS Lena e VARSANO, Ricardo. Renda mínima: integrar e universalizar. *Novos Estudos CEBRAP*, São Paulo, n. 49, nov. 1997.

LESBAUPIN, Ivo. Apresentação. O desmonte de um país. In: _____ (org.). *O desmonte da nação: balanço do governo FHC*. Petrópolis, Vozes, 1999.

LESSA, Carlos. *A estratégia do desenvolvimento — 1974-1976: sonho e fracasso*. Tese para professor titular de Economia, Faculdade de Economia e Administração, UFRJ, Rio de Janeiro, 1978.

LIMA, Boris. Bienestar social y necesidades sociales. *Acción Crítica*, Lima/Peru: CELATS/ALAETS, n. 11, ago. 1992.

LIMA, Luiz Antonio O. Alternativas éticas ao neoliberalismo: Rawls e Habermas. *Lua Nova*, São Paulo, n. 28/29, 1993.

LITTLE, Adrian. *Post-industrial socialism*. London/New York: Routledge, 1998.

LOWI, Theodore. American business, public policy, case-studies and political theory. In: BAUER, Raymond *et al*. *American*

194 NECESSIDADES HUMANAS: Subsídios à crítica dos mínimos sociais

business and public policy: the politics of foreign trade. New York, Atherton Press, 1963.

MACPHERSON, C. B. *Ascensão e queda da justiça econômica.* Rio de Janeiro, Paz e Terra, 1991.

MARCUSE, Herbert. *A ideologia da sociedade industrial: o homem unidimensional.* Rio de Janeiro, Zahar, 1978.

MARTINS, Carlos Estevam. *A lógica dos mínimos sociais.* São Paulo, FUNDAP, s. d.

_____. *et al.* (orgs.). *Mínimos sociais. Questões, conceitos e opções estratégicas.* Brasília, MPAS/SEAS; São Paulo, FUNDAP, 1999.

MARX, Karl. *Crítica del Programa de Gotha.* In: _____ & ENGELS, F. *Obras escogidas.* Madrid, Ayuso, 1975, t. II.

_____. *Líneas fundamentales de la crítica de la economia política (Grundrisse).* Barcelona, Grijalbo, 1977.

_____. Manuscritos econômicos e filosóficos. Terceiro manuscrito. In: _____. São Paulo, Abril Cultural, 1978. (Coleção Os Pensadores).

MERCADANTE, Aloyzio. O presidente, a viagem e a vertigem. *Folha de S. Paulo,* São Paulo, 11 jun. 2000.

MISHRA, Ramesh. *The Welfare State in crisis: social thought and social change.* London, Wheatsheaf, 1984.

_____. *The Welfare State in capitalist society: policies of retrenchment and maintenance in Europe, North America and Australia.* London, Harvester/Wheatsheaf, 1990.

_____. *Society and social policy: theories and practice of welfare.* London/Basingstoke, MacMillan, 1991.

MISSÉ, Andreu. O fim do protecionismo. *Correio Braziliense,* Brasília, 25 de agosto de 1996.

MOLLO, Maria de Lourdes Rollemberg e SILVA, Maria Luiza Falcão. Política econômica da Nova República: do keynesianismo apologético ao liberalismo cego. *Cadernos do CEAM,* NEPPOS, Brasília, UnB, ano 1, n. 1, 1988.

MPAS/SEAS. Benefício de Prestação Continuada — Processo de Revisão. Brasília, dez. 1999.

NAVARRO, V. Produção e Estado de Bem-Estar: o contexto político das reformas. *Lua Nova,* São Paulo, n. 28/29, 1993.

_____. Neoliberalismo, desempleo, empleo y Estado del Bienestar. In: MORENO, Luis. *Unión Europea y Estado del Bienestar.* Madrid: CSIC, 1997.

BIBLIOGRAFIA 195

NAVARRO, V. *Neoliberalismo y Estado del Bienestar*. 2. ed. Barcelona: Ariel, 1998.

NOZICK, R. *Anarchy, State and utopia*. Oxford, Blackwell, 1974.

O'DONNELL, Guillermo. O'Donnell diz que transição brasileira está estancada. *Folha de S. Paulo*, São Paulo, 21 jun. 1987.

OLIVEIRA, Francisco. *Collor, a falsificação da ira*. Rio de Janeiro, Imago, 1992.

OSZLAK, Oscar e O'DONNEL, Guillermo. *Estado y políticas estatales en América Latina: hacia una estrategia de investigación*. Documento CEDES/G.E. CLACSO, n. 4, 1976.

PARAIN, Charles *et al. Capitalismo: transição*. São Paulo, Moraes, s. d.

PEREIRA, Luiz. Introdução. In: _____. (org.). *Perspectivas do capitalismo moderno*. Rio de Janeiro, Zahar, 1971.

PEREIRA, Potyara A. P. *Crítica marxista da teoria e da prática da política social no capitalismo: peculiaridades da experiência brasileira*. Tese de Doutorado em Sociologia, Departamento de Sociologia da Universidade de Brasília, Brasília 1987.

_____. Transição democrática e política social no Brasil: tudo (ou nada) pelo social? *Cadernos do CEAM*, NEPPOS, Brasília, UnB, ano 1, n. 1, 1988.

_____. *Assistência social na perspectiva dos direitos: crítica aos padrões dominantes de proteção aos pobres no Brasil*. Brasília, Thesaurus, 1996.

_____. Centralização e exclusão social: duplo entrave à política de assistência social. *Ser Social*, Programa de Pós-Graduação do Departamento de Serviço Social da UnB, n. 3, Brasília, 1998.

_____. Relação entre Serviço Social e Assistência Social. Palestra proferida no III Simpósio de Serviço Social em Saúde. Campinas, UNICAMP/USP/UNESP, 17/3/2000.

PFALLER, A., GOUGH, I. e THERBORN, G. *Competitividad economica y Estado de Bienestar: estudio comparativo de cinco países avanzados*. Madrid: Ministerio de Trabajo y Seguridad Social, 1993.

PIERSON, Christopher. *Beyond the Welfare State?* Cambridge, Polity Press, 1991.

_____. *O socialismo depois do comunismo: o novo socialismo de mercado*. Lisboa, Instituto Piaget, 1995.

PISÓN, José Martínez de. *Políticas de bienestar: un estudio sobre los derechos sociales*. Madrid, Tecnos, 1998.

PLANT, Raymond. Citizenship, rights, welfare. In: FRANKLIN, Jane (org.). *Social Policy and social justice*. Cambridge, Polity Press, 1998.

PNUD. Relatórios do Desenvolvimento Humano. Lisboa, Trinova, 1990-1999.

POLANYI, Karl. *A grande transformação. As origens da nossa época*. Rio de Janeiro, Campus, 1980.

RAICHELIS, Raquel. *Esfera pública e Conselhos de Assistência Social: caminhos da construção democrática*. São Paulo, Cortez, 1998.

RAWLS, John. *Uma teoria da justiça*. São Paulo, Martins Fontes, 1997.

RETRATO DO BRASIL. Cintos apertados: a política salarial do regime. São Paulo, Ed. Três/Política Ed., v. 2, 1984.

RIMLINGER, Gaston V. *Welfare policy and industrialization in Europe, America and Russia*. New York/London/Toronto, John Wiley & Sons, 1971.

ROCHE, Maurice. *Rethinking citizenship: welfare, ideology and change in modern society*. Cambridge, Polity Press, 1992.

ROSANVALLON, Pierre. *A crise do Estado-providência*. Lisboa, Editorial Inquérito, 1981.

_____. *A nova questão social: Repensando o Estado Providência*. Brasília, Instituto Teotônio Vilela, 1998.

ROVATTI, Pier A. Prólogo. In: HELLER, Agnes. *Teoría de las necesidades en Marx*. 3. ed. Barcelona, Península, 1998.

RUBIO, Vicente O. La optimización de las políticas sociales. In: MORENO, Luis. *Unión Europea y Estado del Bienestar*. Madrid, CSIC, 1997.

SALAMA, Pierre. *Pobreza e exploração do trabalho na América Latina*. São Paulo, Boitempo, 1999.

_____ e VALIER, Jacques. *Pobrezas e desigualdades no Terceiro Mundo*. São Paulo, Nobel, 1997.

SALLUM JR., Brasílio. O Brasil sob Cardoso: neoliberalismo e desenvolvimento. *Tempo Social, Revista de Sociologia da USP*, São Paulo, v. 11, n. 2, out. 1999.

SANTOS, Boaventura de Sousa. *Reinventar a democracia*. Lisboa, Gradiva, s. d.

BIBLIOGRAFIA **197**

SANTOS, Wanderley Guilherme. Introdução ao documento Rumos da Nova Previdência. MPAS, *Anais do Grupo de Trabalho para a Reestruturação da Previdência Social*, 1986, t. 1.

SCHERER, Elenise. Teoria de las necesidades humanas de Doyal e Gough. *Universidade e Sociedade*, Andes, ano 7, n. 12, fev. 1997.

SEN, Amartya K. *Elección coletiva y bienestar*. Madrid, Alianza Editorial, 1976.

_____. O desenvolvimento como expansão de capacidades. *Lua Nova*, São Paulo, n. 28/29, 1993.

_____. Teorias del desarrollo a principios del siglo XXI. In: EMMERIJ, Leonis e NUÑEZ DEL ARCO, José. *El desarrollo económico y social en los umbrales del siglo XXI*. Banco Interamericano del Desarrollo, Washington DC, 1998.

_____. *Sobre ética e economia*. São Paulo, Companhia das Letras, 1999.

SILVA e SILVA, Maria Ozanira. *Renda mínima e reestruturação produtiva*. São Paulo, Cortez, 1997.

SINGER, Paul. A raiz do desastre social: a política econômica de FHC. In: LESBAUPIN, Ivo (org.). *O desmonte da nação: balanço do governo FHC*. Petrópolis, Vozes, 1999.

SPOSATI, Aldaíza. (org.). *Renda mínima e crise mundial: saída ou agravamento?* São Paulo, Cortez, 1997.

SROUR, Robert. A política no Brasil dos anos 70: análise de um evento. *Série Sociologia*, Brasília, Unb, n. 28, 1981.

STEIN, Rosa. A descentralização político-administrativa na Assistência Social. In: *Serviço Social & Sociedade*, n. 59, São Paulo, Cortez, ano 20, mar. 1999.

TAVARES, Maria da Conceição e ASSIS, Carlos. *O grande salto para o caos*. Rio de Janeiro, Jorge Zahar, 1985.

TAYLOR-GOOBY, Peter. Welfare State regimes and welfare citizenship. *Journal of European Social Policy*. Longman Group UK Ltd., v. 1, n. 2, p. 93-105, 1991.

THORP, Rosemary. *Progresso, pobreza e exclusão. Uma história econômica da América Latina no século XX*. Washington, Banco Interamericano de Desenvolvimento, 1998.

TITMUSS, Richard. *Social policy*. London, Allen & Unwin, 1974.

_____. A Assistência Social e a arte do dom. In: VV. AA. *Humanismo socialista*. Lisboa, Edições 70, 1976.

TITMUSS, Richard. *Essays on the Welfare State*. London, Allen & Unwin, 1976.

ULHÔA, Raquel. FHC quer eliminar fome em 4 anos. *Folha de S. Paulo, a*, São Paulo, 4 set. 1998.

VAN PARIJS, Philippe. *Arguing for basic income: ethical foundations for a radical reform*. London/New York, Verso, 1992.

_____. Capitalismo de renda básica. *Lua Nova*, São Paulo, n. 32, 1994.

_____. *Real freedom for all: what (if anything) can justify capitalism?* Oxford, Clarendon Press, 1995.

_____. *O que é uma sociedade justa?* São Paulo, Ática, 1997.

ANEXOS

ANEXO I
RELATÓRIOS DE DESENVOLVIMENTO HUMANO
PERÍODO: 1990-1999
QUADRO-SÍNTESE

ANO	TEMA DE CONCENTRAÇÃO	CONCEITO DE DESENVOLVIMENTO HUMANO	ÍNDICES
1990	Estudo da forma como o desenvolvimento amplia as oportunidades das pessoas e de como o crescimento econômico pode se traduzir ou não em desenvolvimento humano nas diversas sociedades.	Processo de ampliação de oportunidades, pelo qual as pessoas, tanto individual como coletivamente, possam desenvolver todos os seus potenciais e levar uma vida produtiva e criativa, conforme suas necessidades e interesses. Embora possam ser infinitas e mudarem com o tempo, as três oportunidades essenciais, para todos os níveis de desenvolvimento, são: desfrutar uma vida prolongada e saudável, adquirir conhecimentos e ter acesso aos recursos necessários para obter um nível de vida decente. Se não se possui essas oportunidades essenciais, muitas outras alternativas continuarão sendo inacessíveis.	É criado o **IDH** — Índice de Desenvolvimento Humano, com base em "três elementos essenciais da vida humana": longevidade, conhecimento e níveis de vida decente. Os indicadores correspondentes são: esperança de vida ao nascer, taxa de analfabetismo e renda *per capita*. Embora considerando que o desenvolvimento humano tenha muitas facetas e qualquer índice devesse incorporar uma série de indicadores que dessem conta dessa complexidade, o Relatório de 1990 define que, naquele momento, a medição do desenvolvimento humano deveria centrar-se nesses três elementos considerados essenciais.

1991	Financiamento público: Análise da forma como os governos gastam seu dinheiro e de como poderiam fazê-lo melhor em função do Desenvolvimento Humano. A principal conclusão é que "a ausência de compromisso político e não a falta de recursos é, com freqüência, a causa verdadeira do abandono em que se encontra o homem". O gasto público é analisado a partir de quatro índices: 1. Índice de gasto público; 2. Índice de gasto social; 3. Índice de prioridade social; 4. Índice de gastos em projetos de desenvolvimento humano.	O aprofundamento na conceituação do desenvolvimento humano conduz à explicitação de três momentos integrados desse processo: Desenvolvimento das pessoas — cada sociedade deve investir na educação, na saúde, na nutrição e no bem-estar social de seus membros. Desenvolvimento pelas pessoas — por meio de estruturas apropriadas para a tomada de decisões, as pessoas devem participar plenamente no planejamento e aplicação das estratégias de desenvolvimento. Desenvolvimento para as pessoas — o desenvolvimento deve satisfazer as necessidades de cada um e oferecer oportunidades para todos.	O Índice de Desenvolvimento Humano é aperfeiçoado com uma melhor definição dos indicadores que medem seus três componentes (longevidade, conhecimento e níveis de vida decentes). As modificações abrangem as seguintes áreas: • educação (passa a incluir os anos de escolaridade); • disparidade entre sexos (são estabelecidas estimativas separadas, para homens e mulheres, de esperança de vida, alfabetização adulta, nível médio de anos de escolaridade e escalas salariais); • distribuição de renda (é verificado como a renda se distribui dentro de um país); • progresso humano (análise do IDH ao longo de um período de 15 anos). É criado, também, o **Índice de Liberdade Humana**, que analisa a possibilidade de os cidadãos escolherem o que querem ser e como desejam viver. O índice de liberdade humana, não incluso no IDH, é calculado com base em 40 indicadores utilizados no Guia Mundial de Direitos Humanos. Apresentação de dois tipos de ajustamento de disparidades do IDH: um por sexo e outro por distribuição de rendimento.

ANO	TEMA DE CONCENTRAÇÃO	CONCEITO DE DESENVOLVIMENTO HUMANO	ÍNDICES
1992	Exame das nações pobres e das pessoas pobres em uma perspectiva mundial. Concentra a atenção nas dimensões internacionais do desenvolvimento humano, analisando a maneira como as políticas de imigração, as barreiras comerciais e a dívida internacional contribuem para a disparidade persistente entre as nações ricas e pobres.	Avança ao considerar a interação entre as pessoas e o meio ambiente, adicionando ao conceito de Desenvolvimento Humano, a dimensão da *sustentabilidade*. Se o objetivo do desenvolvimento é melhorar as oportunidades das pessoas, deve fazê-lo não só para a geração atual, mas também pensando nas gerações futuras. Desenvolvimento sustentável não é simplesmente um chamado à proteção ambiental: implica novo conceito de crescimento econômico que promova justiça e oportunidades para as pessoas, sem destruir ainda mais os recursos naturais do mundo.	É introduzido o **ILP** (*Índice de Liberdade Política*) para avaliar o *status* dos direitos humanos de acordo com conceitos e valores geralmente aceitos. O ILP examina especificamente os direitos políticos, que podem ser agrupados em 5 categorias amplas que refletem valores compartilhados por todas as culturas, todas as religiões e todas as etapas de desenvolvimento: 1) segurança pessoal; 2) império da lei; 3) liberdade de expressão; 4) participação política; 5) igualdade de oportunidades. Para cada categoria é apresentada uma série de indicadores que permite determinar se os direitos estão sendo respeitados ou violados na prática.

| 1993 | A participação popular no desenvolvimento: a participação como uma estratégia global no desenvolvimento, centrando-se no papel fundamental que as pessoas devem desempenhar em todas as esferas da vida (nos lares, na vida econômica, social, cultural e política).
Analisa a participação popular nos mercados, na "governação" e na sociedade civil, e, em especial, o papel das organizações não-governamentais. | Na perspectiva da participação popular, Desenvolvimento Humano é desenvolvimento do povo, para o povo e pelo povo:
• Desenvolvimento do povo — significa investir em capacidades humanas, seja em educação, saúde ou em aptidões, com a finalidade de as pessoas poderem trabalhar de forma produtiva e criativa.
• Desenvolvimento para o povo — significa assegurar que o crescimento econômico seja repartido de modo amplo e justo.
• Desenvolvimento pelo povo — tema central do Relatório, significa dar a todos oportunidade de participar. | São apresentadas explicações mais detalhadas sobre a elaboração e metodologia dos índices, em resposta, especialmente, a um interesse maior da comunidade acadêmica pelos trabalhos do PNUD.
Desagrega o IDH por regiões e por grupos étnicos de um mesmo país. |

ANO	TEMA DE CONCENTRAÇÃO	CONCEITO DE DESENVOLVIMENTO HUMANO	ÍNDICES
1994	Apresentação de um novo conceito de Segurança Humana, que inclui, como pressupostos, a prevenção das constantes ameaças da fome, da doença, do crime e da repressão e, ainda, proteção contra "as súbitas e prejudiciais rupturas no padrão da nossa vida diária, quer seja nas nossas casas, nos empregos, nas comunidades ou no ambiente". Antecipando-se à Cimeira Mundial para o Desenvolvimento Social (março 95-Copenhague), o Informe propõe uma agenda de seis pontos para o evento: 1. uma nova carta social para o mundo; 2. um acordo para o desenvolvimento humano; 3. mobilização dos dividendos da paz; 4. um fundo global para a segurança humana; 5. uma proteção forte das Nações Unidas ao desenvolvimento humano; 6. um Conselho de Segurança Econômica das Nações Unidas.	Estabelece a diferença entre os conceitos de Desenvolvimento Humano e Segurança Humana, definindo o primeiro como um processo de alargamento do alcance das escolhas do povo e o segundo como a possibilidade, para o povo, de fazer suas escolhas segura e livremente. A interdependência entre as duas áreas é evidente: o progresso alcançado em uma realça as oportunidades de progresso na outra; falhas ou limitações do desenvolvimento humano conduzem a privações humanas que podem resultar em violência, ameaçando a segurança humana. O Relatório define os indicadores negativos dessa nova dimensão da segurança humana: insegurança alimentar; insegurança no emprego e no rendimento; violação dos direitos humanos; conflitos étnicos e religiosos; injustiça e despesa militar.	São apresentadas as revisões ocorridas no IDH e as modificações realizadas nos componentes do índice básico, especificamente nos indicadores do nível de educação e de rendimento: • inicialmente, o nível de educação era medido somente por meio da taxa de alfabetização de adultos; posteriormente esta medida foi alargada para incorporar a dos anos de escolaridade; • para o rendimento, foi considerado novo valor limiar, adotando-se a paridade do poder de compra a fim de refletir não só o rendimento exato, mas também o que esse rendimento pode comprar. Neste ano, o IDH foi calculado em bases diferentes dos anos anteriores, tento sido fixados valores máximos e mínimos para as variáveis básicas.

1995

A questão da desigualdade de direito entre homens e mulheres: conclui que, apesar de todos os países terem feito progressos no desenvolvimento das capacidades da mulher, homens e mulheres continuam a viver em um mundo desigual.

Propõe 5 pontos estratégicos para equilibrar as oportunidades entre os sexos nas próximas décadas:

1. mobilização de esforços nacionais e internacionais para conquistar a igualdade legal;
2. aumento das opções nos locais de trabalho;
3. estabelecimento de uma parcela de 30% de participação das mulheres na tomada de decisões;
4. instituição de programas de acesso à educação, saúde na maternidade e acesso a crédito;
5. instituição de programas que habilitem especialmente as mulheres a ganhar maior acesso às oportunidades políticas e econômicas.

Em resposta a críticas recebidas e buscando contribuir ao debate surgido em decorrência dos RDHs, o relatório deste ano retoma o conceito e a medida de desenvolvimento humano em contraposição ao desenvolvimento econômico.

Reafirmando concepções anteriores, ressalta que, na perspectiva do desenvolvimento humano, o crescimento econômico é essencial, mas enfatiza a necessidade de dar atenção a sua qualidade e distribuição e analisa a sua ligação com a vida das pessoas. E, ainda, remete as escolhas sustentáveis para uma geração seguinte.

A desigualdade entre mulheres e homens passa a ser mensurada, a partir deste relatório, por meio do **IDS — Índice de Desenvolvimento Ajustado ao Sexo**, que se baseia nas mesmas capacidades básicas que o IDH, mas leva em conta as disparidades entre homens e mulheres. Efetuou-se uma alteração no IDH em relação ao ano anterior. Para o nível educacional, os anos médios de escolaridade foram substituídos pela taxa de escolaridade conjunta dos níveis primário, secundário e superior.

Outra inovação é a adoção da **Medida da Participação Ajustada ao Sexo (MPS)**, que examina se mulheres e homens têm capacidade de participar ativamente na vida econômica e política e na tomada de decisões.

Com relação às mulheres, é observada sua representação nos parlamentos, a partilha de cargos de gestão e profissionais, a participação na força de trabalho ativa e a sua parcela do rendimento nacional.

ANO	TEMA DE CONCENTRAÇÃO	CONCEITO DE DESENVOLVIMENTO HUMANO	ÍNDICES
1996	Análise da complexa relação entre crescimento econômico e desenvolvimento humano, que tem no emprego sua ligação decisiva. Segundo o Relatório, as oportunidades vitais para a vida humana são de vários tipos e podem agrupar-se em econômicas, sociais e políticas. A oportunidade econômica mais fundamental é o emprego.	Neste ano, foram incluídas as seguintes dimensões ao conceito de DH: poder, cooperação, eqüidade, sustentabilidade. • poder: vinculado à expansão da capacidade dos indivíduos e à possibilidade de participar ou apoiar tomadas de decisões que afetam suas vidas; • cooperação: a forma como as pessoas interagem e cooperam em comunidades — sua cultura e partilha de valores e crenças; • eqüidade: no sentido das capacidades e oportunidades básicas. Promover a eqüidade, em alguns casos, implica partilha desigual de recursos; • sustentabilidade: o desenvolvimento humano sustentável satisfaz as necessidades da geração presente sem pôr em risco a capacidade das gerações futuras de satisfazer as suas necessidades.	Introdução de uma nova medida de privação humana — a **Medida de Privação de Capacidade** (**MPC**). Considera a falta de 3 capacidades básicas: 1. capacidade de estar bem alimentado e saudável (representada pela proporção de crianças com menos de cinco anos com peso deficiente); 2. capacidade para a reprodução saudável (representada pela proporção de nascimentos não acompanhados por pessoal de saúde formado); 3. capacidade de ser educado e instruído (representado pelo analfabetismo feminino).

| 1997 | O PNUD fez da erradicação da pobreza a sua prioridade (compromisso assumido pelos países participantes do Encontro Mundial para o Desenvolvimento Social em 1995).

Com base nesse compromisso, são apresentadas idéias para erradicar a pobreza absoluta. | O desafio da erradicação da pobreza em uma perspectiva de desenvolvimento humano, focando não apenas a privação de rendimento, mas a pobreza como uma negação de escolhas e oportunidades para viver uma vida aceitável. | Apresentação do **Índice de Pobreza Humana (IPH)**.
Enquanto o IDH foca o progresso da comunidade como um todo, o IPH centra-se na situação e no progresso das pessoas mais pobres da comunidade.
Indicadores: O IPH concentra-se na privação de 03 elementos essenciais da vida humana considerados no IDH — longevidade, conhecimento e nível de vida adequado.
• A 1ª privação refere-se à sobrevivência (representado no IPH pela percentagem de pessoas que se espera morram antes dos 40 anos).
• A 2ª relaciona-se com o conhecimento (medida pela percentagem de adultos analfabetos).
• A 3ª refere-se a um nível de vida adequado, em particular ao nível global de provisão econômica (composto de 3 variáveis-% de pessoas com acesso a serviços de saúde, à água potável e de crianças subnutridas menores de 05 anos).
O rendimento não figura no IPH. O problema é que a utilização do mesmo limiar de pobreza em diferentes países pode ser enganador devido à variação nos bens necessários, que dependem dos padrões de consumo predominantes. |

ANO	TEMA DE CONCENTRAÇÃO	CONCEITO DE DESENVOLVIMENTO HUMANO	ÍNDICES
1998	O **consumo** como um meio para o desenvolvimento humano: os benefícios e as distorções dos atuais padrões de consumo mundial em sua relação com o desenvolvimento humano.	O conceito de Desenvolvimento Humano adotado até agora é reafirmado, na medida em que os autores subordinam o "consumo ideal " à concepção de Desenvolvimento Humano: "O consumo é claramente um meio essencial (para o desenvolvimento humano) mas as ligações não são automáticas. O consumo contribui claramente para o desenvolvimento humano quando amplia as capacidades e enriquece a vida das pessoas, sem afetar de forma adversa o bem-estar de outras. Contribui claramente quando é tão favorável para as gerações futuras quanto o é para as atuais. E contribui claramente quando encoraja comunidades e indivíduos dinâmicos e criativos."	Introdução do **IPH** 2 — **Índice de Pobreza Humana 2** — para medir a pobreza nos países industrializados. O IPH 2 incide sobre a privação nas mesmas dimensões que o IPH 1, índice destinado a medir a pobreza nos países em desenvolvimento: longevidade, conhecimento, padrão decente de vida e numa outra, adicional, a exclusão social. Mudam as variáveis, que são: • a percentagem de pessoas que provavelmente morrem antes dos 60 anos; • a percentagem de pessoas cuja capacidade de leitura e escrita está longe de ser adequada; • a proporção de pessoas com rendimentos disponíveis de menos de 50% da média e a proporção dos empregados de longa duração (12 meses ou mais).

| 1999 | Globalização: apresentação de uma agenda de reformas mundiais e nacionais para atingir uma globalização com face humana, ou seja, com ética, eqüidade, inclusão, segurança humana, sustentabilidade e desenvolvimento. | No capítulo "O desenvolvimento humano nesta época de globalização", o relatório apresenta um panorama mundial sobre os efeitos positivos e negativos do processo de globalização. E, ao identificar que a globalização falha no alcance dos objetivos de eqüidade, erradicação da pobreza e aumento da segurança humana propõe:
• políticas mais fortes de proteção e promoção do desenvolvimento humano;
• maior cooperação internacional;
• apoio social das comunidades, ONGS e empresas. | Alteração na metodologia do IDH, tendo sido realizada uma revisão de seu conceito e de sua formulação: introduz melhorias importantes na seleção, uso e apresentação das estatísticas, harmoniza a seleção dos indicadores com dados recolhidos por instituições estatísticas internacionais e organiza os quadros de indicadores para refletir e melhorar as diferentes dimensões do Desenvolvimento Humano. |

Quadro elaborado pelas pesquisadoras do NEPPOS Ieda Rebelo Nasser e Maristela Zorzo

ANEXO 2
RESUMO DA TEORIA DE DOYAL E GOUGH

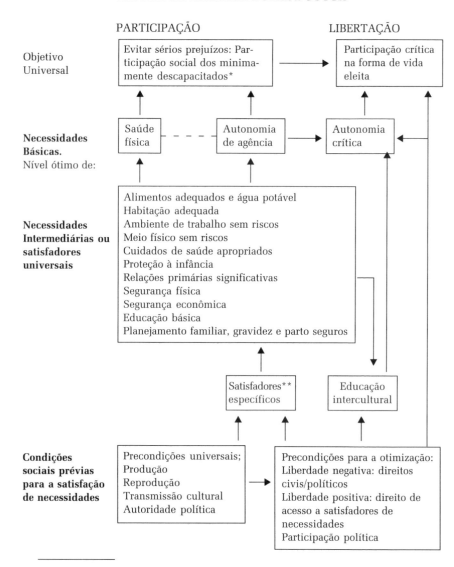

* Descapacitação — refere-se à limitação ou falta de capacidade para desempenhar determinada atividade de acordo com parâmetros considerados normais.

** Satisfadores (*satisfiers*) — serviços, atividades, relações que satisfazem necessidades humanas básicas (gerais e específicas).

ANEXO 3

Características da Proteção Social nos países industrializados do Ocidente.
Quadro elaborado de acordo com a tipologia de Ditch & Oldfield (1999).*

1) CONSOLIDATORS

PAÍSES	PRINCIPAIS CARACTERÍSTICAS
AÚSTRIA	Desde 1994 a proteção social tornou-se responsabilidade das nove províncias austríacas. Para arcar com o ônus desse encargo, a prestação de benefícios vem sendo crescentemente associada ao seguro.
BÉLGICA	Renda Familiar Garantida (minimex) para famílias de baixa renda, com prazo de dependência restringida e vinculada a procura de trabalho. Renda garantida para idosos (homens, acima de 64 anos e mulheres, acima de 60). Alocações para pessoas portadoras de deficiência de caráter compensatório e integrativo.
FINLÂNDIA	Incremento do número de benefícios coincidente com o rebaixamento dos seus valores. Reformas introduzidas durante 1997 aumentaram o incentivo ao trabalho. Pensões para subsistência. Auxílios-moradia.
FRANÇA	Renda Mínima Garantida (RMI) é o principal programa de assistência social, associado ao incentivo à inserção do beneficiário ao mercado de trabalho. A prática da proteção social é mais restrita do que está expresso formalmente. Pessoas que passaram mais de três anos desempregadas, ou não contribuíram para a Seguridade Social ou, ainda, são excluídos sociais, nem sempre recebem cobertura. A cobertura social se organiza em torno dos seguintes regimes: assalariados, agricultores, assalariados especiais, não assalariados e aposentadorias complementares.
ALEMANHA	Proteção referenciada no trabalho. Redução da assistência social básica em 25% para os beneficiários que se recusam a trabalhar. Nova legislação prevê assistência social geral e, em circunstâncias especiais, para demandantes de asilos e estrangeiros. Apoios adicionais têm sido providos para os que necessitam de ajuda, desde que vivam na U.E. A carga de assistência criada pela unificação alemã e pela incorporação da Alemanha Oriental, tem pesado no orçamento do bem-estar que é um dos mais elevados da Europa.

NECESSIDADES HUMANAS: Subsídios à crítica dos mínimos sociais

PAÍSES	PRINCIPAIS CARACTERÍSTICAS
GRÉCIA	Poucas iniciativas. Não existe assistência social geral. Os benefícios são segmentados, focalizados em grupos específicos (crianças desprotegidas, maternidade, idosos) ou vinculados a programas (subvenções à moradia para idosos sem seguro).
ITÁLIA	Assistência monetária local (mínimo vitale) vinculada ao incentivo ao trabalho. A assistência social tende a absorver outros programas voltados para grupos específicos, como: pensão social, pensão por invalidez, pensão aos veteranos de guerra e serviços locais. A saúde só é gratuita para quem tem renda anual inferior ao equivalente a US$ 48 mil. O seguro desemprego só existe para cobrir períodos transitórios. As aposentadorias precoces são punidas.
NORUEGA	Poucas mudanças significativas. As que ocorreram foram na administração e na aplicação de leis, com ênfase governamental na criação de medidas que aumentem as oportunidades individuais de emprego. Houve também redução do período de auxílio aos pais solteiros, como incentivo ao aumento das atividades econômicas das mulheres.
ESPANHA	Renda Mínima de Inserção, como principal programa de assistência social geral. A assistência complementar, voltada para grupos específicos, compreende: pensão aos idosos, com comprovação de meios; pensão aos deficientes com comprovação de meios e auxílio desemprego. Desde 1993, não houve mudanças na política e na prática da assistência social e nem há planos de mudança futuros. O segundo maior gasto é com a saúde, que passou a ser universal com o governo socialista.
SUÉCIA	Gastos com assistência social dobraram nos últimos cinco anos. As aposentadorias e seguro desemprego consomem elevados recursos. 1/3 dos pais solteiros recebem assistência. O crescimento do desemprego (especialmente dos jovens) e o aumento da imigração são fatores de pressão por gastos públicos, especialmente quando combinados com os cortes verificados no sistema de seguro. Isso torna inevitável a criação de restrições no seguro-desemprego e nas pensões. Poderão ser abolidos benefícios habitacionais para a população de baixa renda sem crianças.
SUÍÇA	A Constituição Federal suíça não prevê o direito fundamental de subsistência. Porém, em 1995, o Tribunal Federal reconheceu que a provisão social mínima era um direito fundamental não formalizado, embora sem incluir um mínimo de renda. Vários cantões vinculam a assistência à reintegração no trabalho.

ANEXOS

2) EXTENDERS

PAÍSES	PRINCIPAIS CARACTERÍSTICAS
PORTUGAL	Houve mais desenvolvimento da assistência social não contributiva, especialmente com a implantação do Programa de Renda Mínima Garantida, de inspiração francesa, associado a outros programas de integração social e ocupacional (subvenções familiares, subvenções complementares, pensões por orfandade, invalidez, velhice, prestações sociais para integração juvenil, auxílios de subsistência) e aos sobreviventes de guerra.
TURQUIA	Significativo interesse, nos últimos quatro anos, tanto pela pobreza quanto pela assistência social. Durante 1997 o Fundo de Assistência Social e Solidariedade alocou recursos e responsabilidades exclusivas para o enfrentamento à pobreza, incluindo auxílio à velhice e à deficiência. O Programa Cartão de Visita Verde (Green Card), criado em 1992, presta assistência à saúde básica à população de baixa renda e sem cobertura da seguridade social.

3) INNOVATORS

PAÍSES	PRINCIPAIS CARACTERÍSTICAS
AUSTRÁLIA	Criação de benefícios focalizados e individualizados para aumentar a auto-confiança e a participação dos beneficiários no mercado de trabalho. Mudanças na burocracia para simplificar a estrutura dos programas e dos pagamentos dos benefícios. Limitação dos gastos sem piorar a qualidade do atendimento. Incentivo à auto-provisão. Criação de facilidades para a contribuição previdenciária (subsídios, abatimentos de impostos). Padronização do sistema administrativo e financeiro de assistência aos idosos. Promoção de seguro saúde privado e de treinamento profissional em novas tecnologias, informações e serviços industriais. Introdução de mudanças na participação das mulheres no mercado de trabalho. Estabelecimento de maiores penalidades para o abuso de fraudes. Crescente reconhecimento e apoio financeiro aos pais que decidem ficar em casa para cuidar dos filhos. Ajuda financeira às famílias com crianças. Eliminação da duplicação de programas e serviços.
CANADÁ	Principal reforma relaciona-se a mudanças nas relações entre governos Federal e Provinciais. Entrada em vigor, em 1996, do Programa de Saúde e Transferência Social. Autoridades

PAÍSES	PRINCIPAIS CARACTERÍSTICAS
CANADÁ	federais assumem maior responsabilidade por programas de manutenção de renda para crianças, idosos e portadores de deficiência e aborígenas, enquanto os serviços sociais ficam por conta das Províncias. Combinação de fundos para a assistência e serviços sociais, saúde e educação. Significativa contração do Seguro-Desemprego (redução dos prêmios, dos níveis de benefício e da duração do benefício). Aumento dos requerimentos para a elegibilidade dos demandantes. Implantação de novas medidas (em 1997) e de nova legislação relativas à assistência financeira às crianças. Principais reformas nos programas de assistência social nas Províncias e Territórios, visando contenção de gastos e inserção do beneficiário no mercado de trabalho: a) extensão do auxílio criança a todas as famílias com baixa e média rendas; b) remoção dos idosos e portadores de deficiência e estudantes do sistema de assistência social. Para estes últimos foram concebidos empréstimos e subsídios; c) implantação de regras rigorosas de condicionalidade, relacionando a prestação da assistência ao treinamento profissional compulsório e à educação; d) implementação do "workfare", o qual requer trabalho em troca da ajuda recebida; e) incentivo à inserção dos pais singulares ao mercado de trabalho; f) ênfase na prevenção e apuração de fraudes e na verificação de informações; g) crescente ênfase na vinculação das medidas de manutenção de renda ao sistema tributário, ao invés da transferência direta de renda; h) combate à justaposição de sistemas, programas e serviços de assistência social.
NOVA ZELÂNDIA	Estado de Bem-Estar continua em reestruturação. No campo habitacional: aluguéis de alojamentos públicos equiparados aos preços do mercado. Programas encorajam o emprego em tempo parcial, especialmente de demandantes sociais com filho mais novo com idade superior a 14 anos. Entrevistas com demandantes com filhos de 7 anos ou mães são obrigatórias, com o objetivo de planejar o futuro destes. Pessoas severas e permanentemente incapacitadas recebem assistência sistemática e contínua. Elevação de 60 para 65 anos a faixa etária das pessoas consideradas idosas, ao mesmo tempo em que a renda básica para aposentados deixou de ser indexada aos salários e sofreu redução. Reformas futuras prevêem remoção de sobrecarga de impostos e esquemas de poupança obrigatória.

ANEXOS

215

PAÍSES	PRINCIPAIS CARACTERÍSTICAS
REINO UNIDO (Grã-Bretanha)	Significativa mudança na estrutura e na operacionalização da política de assistência social. Maior ênfase recaiu na integração dos beneficiários ao mercado de trabalho, mesmo sem a garantia de bons salários. Jovens que deixam de estudar em tempo integral impedem suas famílias de continuar recebendo determinados benefícios como créditos familiares, auxílio aluguel, etc. Desde 1996 pessoas desempregadas têm recebido um subsídio vinculado a procura de trabalho (*income support*), em substituição ao antigo auxílio desemprego. Ligada a esse subsídio há uma série de medidas estimuladoras do trabalho, como: auxílios para quem estiver trabalhando em tempo parcial ou procurando emprego. Pais solteiros com crianças na escola são apoiados a reingressar no mercado de trabalho, recebendo orientações, informações, treinamento e colaboração nos cuidados dos filhos menores de idade. Na base dessas iniciativas está o propósito de envolver o setor privado na oferta de postos de trabalho e no pagamento de salários de acordo com o mérito do empregado. Na área da saúde foi criado Financiamento Privado, destinado a arrecadar recursos privados para a saúde pública.
ESTADOS UNIDOS DA AMÉRICA	Ênfase no retorno ao trabalho. O "Ato Responsabilidade e Trabalho", de 1994, do Presidente Clinton, propunha que todo beneficiário "empregável" da assistência social deveria trabalhar ou participar de atividades relacionadas ao trabalho, ao menos em tempo parcial. Auxílios extras para quem se dispunha a trabalhar, mesmo com baixos salários, foram implementados. Pensou-se na criação de trabalhos no serviço público para quem não encontrasse emprego por conta própria, bem como na criação de programas que evitassem nascimentos fora do casamento e a fragmentação familiar. Mães solteiras que tivessem outro filho durante a recepção de um benefício assistencial não receberiam assistência adicional. Os Estados membros têm grande liberdade de inovar e de adotar diferentes estratégias de assistência social. Programas de empregabilidade têm sido priorizados assim como o "*workfare*" — engajamento em atividades laborais em troca de assistência. Um conjunto de incentivos e penalidades tem sido testado com vista a promover o emprego entre os beneficiários da assistência social.

Fontes: DITCH, John & OLDFIELD, Nina (1999); GOUGH, Ian (1997); CORREIO BRAZILIENSE (1996).
* Conteúdo sistematizado por Potyara Amazoneida P. Pereira e esquematizado pela pesquisadora do NEPPOS Sônia Maria Arcos Campos.

Impressão e acabamento
Imprensa da Fé